CAMBRIDGE LIBRARY COLLECTION

Books of enduring scholarly value

Archaeology

The discovery of material remains from the recent or the ancient past has always been a source of fascination, but the development of archaeology as an academic discipline which interpreted such finds is relatively recent. It was the work of Winckelmann at Pompeii in the 1760s which first revealed the potential of systematic excavation to scholars and the wider public. Pioneering figures of the nineteenth century such as Schliemann, Layard and Petrie transformed archaeology from a search for ancient artifacts, by means as crude as using gunpowder to break into a tomb, to a science which drew from a wide range of disciplines - ancient languages and literature, geology, chemistry, social history - to increase our understanding of human life and society in the remote past.

Mémoire sur l'écriture cunéiforme assyrienne

The son of an Italian historian, Paul-Émile Botta (1802–70) served France as a diplomat and archaeologist. While posted as consul to Mosul in Ottoman Mesopotamia (modern-day Iraq), he excavated several sites, becoming in 1843 the first archaeologist to uncover an Assyrian palace at Khorsabad, where Sargon II had ruled in the eighth century BCE. As nobody could yet read the cuneiform inscriptions, Botta thought he had discovered Nineveh, and an enthused French government financed the recording and collecting of numerous artefacts. Many of the marvellous sculptures were put on display in the Louvre. Botta devoted himself to studying the inscriptions, and this 1848 publication, a contribution towards the later deciphering of the Akkadian language, presents a tentative catalogue of cuneiform characters that appear to be used interchangeably. Of related interest, Henry Rawlinson's *Commentary on the Cuneiform Inscriptions of Babylonia and Assyria* (1850) is also reissued in this series.

T0370831

Cambridge University Press has long been a pioneer in the reissuing of out-of-print titles from its own backlist, producing digital reprints of books that are still sought after by scholars and students but could not be reprinted economically using traditional technology. The Cambridge Library Collection extends this activity to a wider range of books which are still of importance to researchers and professionals, either for the source material they contain, or as landmarks in the history of their academic discipline.

Drawing from the world-renowned collections in the Cambridge University Library and other partner libraries, and guided by the advice of experts in each subject area, Cambridge University Press is using state-of-the-art scanning machines in its own Printing House to capture the content of each book selected for inclusion. The files are processed to give a consistently clear, crisp image, and the books finished to the high quality standard for which the Press is recognised around the world. The latest print-on-demand technology ensures that the books will remain available indefinitely, and that orders for single or multiple copies can quickly be supplied.

The Cambridge Library Collection brings back to life books of enduring scholarly value (including out-of-copyright works originally issued by other publishers) across a wide range of disciplines in the humanities and social sciences and in science and technology.

Mémoire sur l'écriture cunéiforme assyrienne

Paul-Émile Botta

CAMBRIDGE
UNIVERSITY PRESS

University Printing House, Cambridge, CB2 8BS, United Kingdom

Cambridge University Press is part of the University of Cambridge.

It furthers the University's mission by disseminating knowledge in the pursuit of
education, learning and research at the highest international levels of excellence.

www.cambridge.org
Information on this title: www.cambridge.org/9781108077460

This edition first published 1848
This digitally printed version 2014

ISBN 978-1-108-07746-0 Paperback

MÉMOIRE

SUR

L'ÉCRITURE CUNÉIFORME

ASSYRIENNE.

———

EXTRAIT DU JOURNAL ASIATIQUE,

CAHIERS DE MAI, JUIN, AOÛT, SEPTEMBRE, OCTOBRE,
NOVEMBRE-DÉCEMBRE 1847, MARS 1848.

———

MÉMOIRE

SUR

L'ÉCRITURE CUNÉIFORME

ASSYRIENNE,

PAR M. BOTTA,

CONSUL DE FRANCE À MOSSUL.

PARIS.

IMPRIMERIE NATIONALE.

M DCCC XLVIII.

MÉMOIRE

L'ÉCRITURE CUNÉIFORME

ASSYRIENNE.

———

En copiant les nombreuses inscriptions cunéiformes que j'ai découvertes à Khorsabad, je me suis
promptement aperçu que beaucoup de signes, en
apparence très-divers, étaient, dans l'écriture assyrienne, employés indifféremment les uns pour les
autres. Dès cette époque, j'avais rédigé le catalogue
de ces signes équivalents, et j'avais annoncé ce fait
curieux à M. Rawlinson; aussi, dans son remarquable mémoire sur l'inscription de Bisitoun, ce
savant parle-t-il de mon tableau de variantes, tout
en se refusant à adopter mon opinion dans sa gé-
néralité.

Au mois d'octobre 1845, j'ai lu à l'Académie
des inscriptions et belles-lettres un mémoire dans
lequel j'ai énoncé les mêmes résultats et promis de
publier cette table d'équivalents, dès que l'Impri-
merie royale aurait fait fondre un corps de caractères assyriens. Quoique ces caractères ne soient pas
entièrement terminés, je vais livrer mon travail aux
savants, parce que l'auteur d'un mémoire récent a

J. A. Extr. n° 9. (1847.)   1

publié quelques résultats semblables, et que, si la priorité de publication m'importe peu, je ne veux pas être soupçonné d'emprunter aux autres.

Je donnerai ce catalogue de variantes tel qu'il résulte de la comparaison des inscriptions, mais il est évident qu'il a pu s'y glisser des erreurs, soit de mon fait, soit du fait même des ouvriers qui ont gravé les inscriptions sur les murailles. On conçoit en effet très-bien que, lorsque des signes diffèrent très-peu par leur forme, on puisse les confondre, en gravant ou en copiant, et il en résultera peut-être que quelquefois je donnerai, comme équivalents, des signes qui ont été substitués les uns aux autres seulement par erreur ; mais cela ne peut arriver que pour des signes presque semblables, comme ⊟ et ⊟⊢ , par exemple. Lorsqu'au contraire la forme est très-différente, cette cause d'erreur ne peut avoir lieu, car ni le graveur ni moi n'avons pu confondre des groupes qui n'ont aucun rapport de forme l'un avec l'autre, comme ⊟ et ▽▽ ; si des caractères aussi différents se substituent quelquefois l'un à l'autre, il faut que leur valeur soit identique ou du moins très-rapprochée.

Pour atténuer autant que possible cette cause d'erreur, je marquerai d'un point d'interrogation (?) les signes de forme très-rapprochée, que je n'ai rencontrés comme équivalents qu'une ou deux fois. Je marquerai, au contraire, d'un astérisque les groupes dont l'équivalence est prouvée par de nombreux

exemples, et dont la forme est assez différente pour
n'avoir pu être une cause de confusion.

Quant à la disposition de ce catalogue, il eût été
sans doute convenable de donner la liste de tous
les signes assyriens, en plaçant auprès de chacun
d'eux les équivalents que j'ai pu remarquer ; mais ce
système entraînerait des répétitions infinies, et par
conséquent des dépenses considérables. Il sera plus
simple, je crois, de prendre pour types les signes
les plus usités, et de les faire suivre, une fois pour
toutes, de leurs variantes, sans répéter cette opéra-
tion pour chacune de celles-ci.

Je ferai suivre les divers articles de ce catalogue
de quelques observations que j'ai pu faire, et qui
me paraissent propres à aider les savants dans leurs
essais de déchiffrement. La discussion des divers
groupes me permettra de comparer les écritures assyriennes de Van et de Persépolis avec celle de Khorsabad, et d'en démontrer, j'espère, l'identité.

Quant à l'interprétation, j'aime mieux avouer l'in-
suffisance de mes efforts que de hasarder des asser-
tions sans preuves. Pour ces sortes de recherches,
nous manquons ici de la base la plus étendue et la
plus solide, l'inscription de Bisitoun ; et je crois que
M. Rawlinson seul, à l'aide des noms propres si
nombreux que contient cette inscription, parvien-
dra à résoudre le problème. Il est sans doute aisé
de proposer une lecture quelconque pour les quatre
ou cinq noms contenus dans les inscriptions de
Persépolis ; il est encore plus facile, à l'aide de ces

résultats problématiques, de fabriquer des mots que
l'on dit avoir tel ou tel sens; mais j'ai peu de confiance dans cette manière de procéder, et j'aime
mieux attendre modestement. Je me résigne avec
d'autant moins de regret que cette étude est beaucoup plus difficile qu'elle ne le paraît au premier
abord. Quand on a proposé une lecture pour les
noms de Darius, d'Ormuzd, etc. on croit tenir la
clef du problème; mais plus on l'examine, plus la
solution s'éloigne : c'est du moins ce qui m'est arrivé
et ce qui arrivera, je crois, à toutes les personnes
qui tenteront le déchiffrement. Je sais même, par
une lettre de M. Layard (1ᵉʳ avril 1847), qu'on en
juge comme moi à Bagdad, malgré les ressources
incomparablement plus grandes que l'on a le bonheur
d'y posséder.

Je me proposerai donc ici uniquement de démontrer :

1° Que dans l'écriture assyrienne certains caractères peuvent se mettre indifféremment à la place
de certains autres ;

2° Que les écritures assyriennes de Van, Persépolis et Khorsabad ne diffèrent réellement pas entre
elles (je ne puis me prononcer encore au sujet de
l'écriture babylonienne, n'ayant que depuis peu de
jours entre les mains la grande inscription du musée
de la Compagnie des Indes à Londres);

3° Que si l'écriture assyrienne de Van paraît différer de celle de Khorsabad par une moins grande
variété de signes, et par la répétition plus fréquente

des mêmes groupes, c'est uniquement parce qu'on y a moins employé les équivalents, et qu'ainsi les mêmes sons se trouvent plus souvent représentés par les mêmes caractères ;

4° Que la langue employée dans les inscriptions de ces trois localités est très-probablement la même, puisque les pronoms, articles et signes grammaticaux ne diffèrent pas.

Mais avant d'entrer en matière, je dois rectifier une erreur qui a été commise en gravant le nom d'une des forteresses dont la prise est représentée à Khorsabad. C'est la première que j'ai découverte, celle dont j'ai donné un croquis dans le Journal asiatique. Dans la planche publiée, le nom de cette forteresse commence par le signe ▻⌐Ⲓ au lieu de ▻⟶Ⲓ, qu'il faut réellement. Je suis obligé de faire cette observation, parce qu'on s'est basé sur cette erreur du lithographe, pour proposer une lecture nécessairement fausse, du moins en ce point. Cette rectification me fournit une occasion naturelle de dire, à mon tour, ce que je sais par rapport à ce nom. Le voici d'abord tel qu'il doit être, et il ne peut y avoir de doute, puisque j'en ai une empreinte parfaite.

Il faut d'abord en retrancher le premier signe ▻⟶Ⲓ, qui, quelle qu'en soit la valeur phonétique, précède tous les noms de villes représentées à Khorsabad Ce caractère doit signifier ville ou pays, car c'est un équivalent indubitable du signe 𒀀, lequel n'est autre chose, à son tour, que le signe 𒀀 de Persépolis. Comme on le sait, en effet, celui-ci, deux fois répété et suivi du signe du pluriel, représente, à Persépolis le mot qui doit signifier région. De plus, à Nakchi Roustam, ce même signe 𒀀 se trouve en tête des noms de pays, comme cela a lieu, pour le signe 𒀀, à Khorsabad. Il n'y a donc pas lieu de douter que 𒀀 ne soit un caractère signifiant à lui seul, ou par abréviation, pays, région ou ville.

Ce premier signe étant retranché, il nous reste cinq caractères; mais, pour avoir le vrai nom de cette ville, il faut encore retrancher les trois derniers, qui n'en font pas partie; et voici comment je le prouve. Dans les grandes inscriptions de Khorsabad, on retrouve la liste des villes dont la prise est représentée dans les bas-reliefs. Chaque nom, dans cette liste, est, comme dans les inscriptions des bas-reliefs, précédé du groupe indicatif 𒀀, souvent remplacé par 𒀀, et, dans la série, se trouve le nom dont il s'agit ici. Or, en comparant la série dans plusieurs inscriptions, j'ai vu que souvent, à la place où ce nom devrait être, on trouve, au lieu des caractères qui le représentent ordinairement, ceux-ci :

Mais il y a plus : ce même nom se trouve plusieurs fois répété dans les inscriptions de Van, et on l'y remarque sous les deux formes qu'il a à Khorsabad.

Pour le reconnaître, il suffit de savoir qu'à Van, la pierre étant très-cassante, le graveur a constamment évité de faire traverser un clou par un autre, de peur de faire éclater les angles au point de rencontre. Ainsi le signe de Khorsabad, 𒀭, est fait à Van de cette manière, 𒀭, comme le signe ⊢⊢𒀭⊣ est fait ⊢⊢𒀭⊣. C'est une règle générale à Van ; mais ces formes se trouvent aussi à Khorsabad.

Le nom de cette forteresse se trouve donc à Van sous les deux formes qu'il prend dans mes inscriptions.

𒀭𒀭, Schulz, pl. I, n° ɪɪ, l. 7, et pl. II, n° vɪɪ, dernière ligne.

𒀭𒀭, id. pl. I, n° ɪɪɪ, 14° ligne avant la fin [1].

Chose remarquable, on le voit même renversé et écrit ainsi :

𒀭𒀭𒀭

Cela me semble prouver complétement que les

---

[1] Il faut remarquer qu'à Van les signes ⊢ et ⊢𒀭 sont faits ainsi ◄⊢ et ⊢𒀭. Ces formes n'en ont pas moins des valeurs identiques ; car je ne pourrais dire si, à Khorsabad même, elles sont plus fréquentes l'une que l'autre. Il y a identité parfaite entre ces signes, et les graveurs qui ont sculpté les inscriptions de Khorsabad, ont tantôt employé l'un, tantôt l'autre. Je ne considère pas même ces différences comme des variantes réelles.

deux portions de ce nom sont indépendantes l'une de l'autre, puisqu'on peut les transposer. Cela me semble d'autant plus certain, qu'à Persépolis les groupes ⟪⟫ paraissent avoir le sens de peuple ou région; du moins, dans la colonne assyrienne, ils occupent une place qui répond à celle de ces mots dans la colonne persane.

On peut, cependant, d'expliquer ce fait d'une autre manière. On peut supposer que, puisque les groupes ⟪⟫ remplacent les groupes ⟪⟫ ⟪⟫; ils représentent des sons à peu près semblables; dans ce cas, il serait possible de ramener le nom en question au nom même du rocher sur lequel est bâti le château de Van, le Khorkhor; mais ce n'est pas le moment de traiter cette question, sur laquelle je reviendrai.

Il est sans doute intéressant de trouver dans les inscriptions de Van le nom d'une des villes dont la prise est représentée à Khorsabad, car là ce nom ne fait pas partie d'une énumération de pays, et l'on ne peut supposer qu'il s'agisse d'une ville conquise dans une autre contrée. Bien au contraire, dans les inscriptions de Van, ce nom de ville est presque toujours précédé des signes ⟪⟫ ⟪⟫, qui, dans les inscriptions de Khorsabad, semblent précéder le nom du roi. Il y a donc lieu de croire que c'est le nom d'une ville de l'Arménie; et ce fait peut être utile en rétrécissant le champ des conjectures.

Je reviens aux variantes, objet principal de ce travail. Comme je l'ai dit, je ne comprends pas

dans ce nombre les simples variations de forme qui
ne rendent pas un groupe méconnaissable; je ne
m'occuperai de celles-ci que lorsque cela pourra
être nécessaire pour montrer les dégradations et les
passages d'une forme à une autre, comme celui du
d de Persépolis, ⬚⬚, par exemple, au *d* ordinaire
employé à Khorsabad, ⬚⬚. Mais, en général,
je n'appellerai variantes, homophones ou équivalents,
que des groupes n'ayant aucun rapport de forme,
et pouvant cependant se remplacer mutuellement.

Pour mettre le lecteur en état de vérifier mes as-
sertions au sujet de l'équivalence de certains signes,
il faudrait indiquer les inscriptions et les lignes dans
lesquelles j'ai remarqué les substitutions. J'ai ce travail tout fait; mais j'avoue que je recule devant l'impression inutile de tous ces chiffres; les inscriptions,
d'ailleurs, ne sont pas encore toutes publiées, et l'on
ne pourrait pas vérifier les citations. J'aime mieux
donner simplement les résultats de mes observations; et quiconque voudra s'assurer de leur exactitude n'aura qu'à comparer, signe par signe, deux
ou trois des inscriptions de Khorsabad. On acquerra
promptement la conviction de l'existence d'homophones, comme vient de le dire M. Löwenstern, et
comme je l'ai dit depuis si longtemps à M. Rawlinson
et à l'Académie des inscriptions.

Voici maintenant le catalogue de ces variantes.
Le lecteur voudra bien se rappeler que l'astérisque
indique les variantes démontrées par de nombreux

— 10 —

exemples ; le point d'interrogation, au contraire,
indique celles qui ne s'appuient que sur un ou deux
exemples, rendus plus douteux par la similitude des
groupes. Les chiffres qui suivent les lignes indiquent
combien de fois, dans cinq inscriptions, j'ai trouvé
un caractère substitué à un autre. Au-dessous des variantes, je placerai ou des exemples, ou des assemblages de signes rendus par des signes différents.

CATALOGUE

DES VARIANTES DE L'ÉCRITURE ASSYRIENNE.

———

1.

Toutes ces variantes sont indubitables : les trois
premières surtout sont très-fréquentes. Le type ne
se rencontre pas à Van où il est constamment remplacé par la quatrième variante ►─┬◄. Je crois que
tous ces signes sont des dentales, probablement des
t. Je reviendrai sur ce sujet, à l'occasion d'un autre
groupe, ⯗⊟.

2.

Le premier équivalent est seul certain et très-
fréquent. Le second est probablement une erreur
causée par la similitude du groupe avec la première
variante. Il en est de même de la troisième variante,
due probablement à une confusion avec le type. La
quatrième est certaine, mais rare.

3.

𒀭 = 𒁹 2. ⟨⟨ 3. ⊢ 2.

On remarquera la correspondance entre 𒀭 et
𒁹; ce dernier est l'équivalent de 𒀭⊢, comme
𒀭 celui de ⊢, qui, lui-même, remplace fréquemment ◢𒁹⊢.

4.

𒀭 = 𒀳 * 𒀷 * 𒀸 * 𒀹 * 𒀺 ? 𒀻 𒀼 ?

Tous ces groupes, sauf les deux derniers, sont
certainement équivalents, comme cela sera démontré par la série des composés qui va suivre.
Les formes 𒀳 et 𒀷 se rencontrent dans les inscriptions trilingues, mais la seconde est rare; on
ne la voit que dans l'inscription de Xerxès à Van.
Le groupe 𒀹 est très-commun dans l'écriture babylonienne. Dans les inscriptions assyriennes de
Van, c'est la forme 𒀳 qui est presque constamment
employée.

5.

𒀭 = 𒀳𒁹 1. ⟨𒁹 1. 𒀳𒁹 1

Dans la première variante, le signe ⸎ équivaut certainement à l'élément ⸎. Cela est prouvé par la substitution constante du caractère ⸎ au signe ⸎, soit isolé, soit en composition. Je reviendrai sur ce fait plus tard, et il me servira à ramener à l'écriture de Khorsabad beaucoup de caractères babyloniens.

6.

⸎ = ⸎ * ⸎ * ⸎ *

Équivalents certains; le premier et le dernier sont usités à Persépolis. Dans l'écriture cunéiforme persane, le type ⸎ est, selon M. Lassen, substitué aux lettres *dh*. C'est une des raisons qui me portent à croire que ces caractères ont la valeur d'une dentale; cela prouve, en outre, que l'on n'est pas en droit de conclure, de la terminaison du nom de Darius, que les quatre petits coins ⸎ n'aient d'autre valeur absolue que celle d'une voyelle. Je crois, au contraire, qu'ils peuvent entrer dans la composition des groupes simplement comme éléments.

7.

⸎ = ⸎ 3. ⸎ 3. ⸎ 3. ⸎ 2.

8.

⸎ = ⸎ 3. ⸎ 2. ⸎ * ⸎ 3.

Il me semble très-probable que les deux der-

nières variantes ne sont que la réduplication du
type.

9.

$$\vdash\!\!\lceil\blacktriangle\!\rceil\!\!\gg = \vdash\!\!\lceil\blacktriangle\!\rceil\!\!\blacktriangle\, 2.$$

10.

$$\lessdot\!\!\vdash\!\!\lceil\!\!\dashv\!\!\rceil = \lessdot\!\!\vdash\!\!\text{rrr}\!\!\lessdot 5. \quad \text{rrr}\, 5. \quad \lessdot\!\!\vdash\!\!\rightleftharpoons 4.$$

$$\rightleftharpoons 2. \quad \lessdot\!\!\vdash\!\!\lceil\!\!\dashv\, 1.$$

La dernière variante de ce type est précisément
la terminaison du nom de Darius; mais je ne l'ai
rencontrée qu'une fois, et, comme un trait peut facilement avoir été omis, je regarde l'équivalence
comme douteuse. Cependant, la première lettre du
nom d'Hystaspe, $\overline{\text{rr}}$, paraît cinq fois comme
variante, et, la forme du type étant très-différente,
on ne peut soupçonner qu'il y ait eu confusion. La
rencontre de ces deux variantes porte naturellement à donner à ces caractères le son *ch;* mais,
d'un autre côté, j'ai rencontré la première variante
$\lessdot\!\!\vdash\!\!\text{rrr}\!\!\lessdot$, remplacée par deux *r*, $\rightleftharpoons\!\!\lceil\!\!\lceil\!\!\lceil\!\!\blacktriangle\rceil$,
équivalence confirmée par l'écriture médique, dans
laquelle, suivant M. Westergaard, le son *ri* est re-
présenté par $\vdash\!\!\text{rrr}\!\!\lessdot$. Il y a encore une difficulté d'un
autre genre : le signe $\rightleftharpoons\!\!\lceil\!\!\lceil\rightleftharpoons$, qui vient deux fois
comme variante du type $\lessdot\!\!\vdash\!\!\lceil\!\!\dashv$, est cependant
un des équivalents de l'*m*, $\rightleftharpoons\!\!\lceil$. Je cite ces particu-

larités comme un exemple des difficultés que l'on rencontre lorsqu'on veut fixer la valeur des signes à l'aide des faibles indications que nous possédons ici; nous en rencontrerons d'autres également inexplicables.

11.

Je viens de citer, dans le paragraphe précédent, l'équivalence de ces signes. Quoique je n'en aie qu'un exemple, je ne puis avoir de doute, à cause de la grande différence des groupes.

12.

13.

Ici nous voyons encore la terminaison du nom de Darius, , paraître comme équivalent d'un autre signe. Comme l'exemple est unique, c'est peut-être une erreur.

Trois fois le type a pour équivalent un groupe qui contient le *d*, tel qu'il est fait dans les inscriptions trilingues; mais la variante la plus intéressante, quoique unique, est le signe ▶⌐‖, qui, à Khorsabad, précède les noms de villes. En effet, ce n'est qu'une simple variété de forme du groupe ▶⌐⌐, dont j'ai parlé au commencement de ce mémoire. L'une et l'autre forme s'emploient indifféremment dans mes inscriptions, et sont toutes les deux très-fréquemment remplacées par le caractère ◀◀. Lorsque je parlerai de ces derniers groupes, je dirai ce que j'en pense.

14.

◀◀⌐▶| ═ ◀◀⌐◀| l. ◀◀▶| l. ⊟▶◀ l.

Ce type me paraît n'être qu'une simple variété de forme du précédent.

15.

◀◀⊟ ═ ◀| * ⌐⊟ 3. ▶⊟ 3. ▶◀▶ 3.
◀◀⌐| ? ▶◀|◀ l.

La première variante de ce type est tellement fréquente, qu'on peut assurer qu'il a été indifférent de s'en servir ou de se servir du type lui-même; les autres variantes, quoique moins usitées, n'en sont pas moins certaines, car leur forme est trop différente pour avoir pu être une source d'erreur. Je dois, d'ailleurs, dire, une fois pour toutes, que les nombres indiquent seulement combien de fois j'ai trouvé un signe substitué à un autre dans un très-petit nombre d'inscriptions; il ne faut pas du tout en conclure que je n'aie vu à Khorsabad tel signe, [signe cunéiforme], par exemple, que trois fois. Bien loin de là, il y a des inscriptions où ce signe est très-commun, et alors jamais on ne rencontre le type [signe cunéiforme]; mais beaucoup de ces inscriptions, différant par leur contenu, ne sont pas strictement comparables à d'autres, et je n'ai voulu baser mon catalogue que sur des exemples indubitables, sur des textes dans lesquels le contenu, les mots, étant évidemment identiques, un groupe se trouvait remplacé par un autre.

Le signe [signe cunéiforme] se voit fréquemment dans les inscriptions trilingues, mais avec une forme un peu différente, [signe cunéiforme] Il me paraît certain cependant que ces groupes sont identiques; d'abord, j'ai rencontré à Khorsabad la forme persépolitaine; et si je ne l'ai pas indiquée comme variante, c'est parce que je ne l'ai pas trouvée dans des inscriptions strictement comparables. Dans beaucoup d'autres caractères, d'ailleurs, usités dans les inscriptions trilingues, on a employé quatre clous horizontaux là où à Khorsabad on n'en mettait que trois. On voit [signe cunéiforme] au lieu de [signe cunéiforme]; [signe cunéiforme] au lieu de [signe cunéiforme], etc. Enfin, les deux groupes ont chacun une variante à peu près identique; on trouve à Khorsabad et l'on trouve à Persépolis

(Comparez Westergaard, pl. XIV, l. 5,

, avec Rich. pl. XXII, l. 6,

.)

Le groupe manque dans les inscriptions de Van, où il est remplacé par son équivalent . Comme ce caractère se rencontre souvent à la fin des lignes, il est probable qu'il forme la terminaison de beaucoup de mots.

On est naturellement tenté de décomposer ce groupe en deux portions, dont la première serait une voyelle, , et la seconde, la lettre *m*, telle qu'elle nous est donnée par le nom d'Ormuzd. Je crois cependant que, dans ces sortes de recherches, il ne faut pas se fier à ces ressemblances. D'abord, les écritures cunéiformes persane et médique nous prouvent qu'aucune règle n'a été suivie dans la composition des caractères; on voit des groupes très-dissemblables représenter des sons très-rapprochés, *et vice versa*. La même chose a évidemment lieu dans l'écriture assyrienne; car certainement on ne peut trouver la moindre analogie entre les divers groupes qui représentent la lettre *r*, par exemple, comme l'a déjà vu M. Löwenstern. Il a

— 18 —

dit, avec raison, que les signes ⟨cuneiform⟩, ⟨cuneiform⟩, ⟨cuneiform⟩ sont des *r*, et je puis en ajouter d'autres, ⟨cuneiform⟩, ⟨cuneiform⟩, ⟨cuneiform⟩. Au contraire, le groupe ⟨cuneiform⟩, très-voisin de quelques-unes de ces formes, représente probablement l'*y* dans le nom de Darius, comme l'a dit depuis longtemps M. Burnouf, dans son Mémoire sur les inscriptions de Hamadan. Je ne l'ai vu qu'une fois remplacer ⟨cuneiform⟩, et la ressemblance des groupes rend cet unique exemple très-douteux.

Je pourrais donner avec certitude la valeur du caractère ⟨cuneiform⟩, si je possédais l'inscription de Bisitoun ; je sais, en effet, qu'on y trouve l'équivalent, ⟨cuneiform⟩. M. Rawlinson m'a envoyé trois courtes lignes, comme échantillon de l'écriture assyrienne de cette inscription, et dans ces trois lignes se trouve un nom propre indiqué, comme à Persépolis, par un trait perpendiculaire, ⟨cuneiform⟩. Depuis la publication du mémoire de M. Rawlinson, j'ai cherché, parmi les noms propres, celui qui pouvait se rapporter à cette inscription. Je ne puis faire que des conjectures ; mais il m'a semblé que ces trois lignes devaient être la traduction assyrienne de la légende du mage Gomatès. En voici la première ligne :

⟨cuneiform⟩

Les trois premiers groupes sont, comme à Persépolis, le pronom démonstratif. Le premier, après le clou perpendiculaire, serait un *g*, et cette valeur s'accorde bien avec la lecture probable de deux noms de pays, à Nakchi Roustâm. L'*m* est telle qu'elle nous est donnée par le nom d'Ormuzd, et il en résulte la valeur de *t* ou *th* pour le signe ⟦cuné⟧ et, par conséquent, pour son équivalent ⟦cuné⟧. M. Rawlinson seul peut dire si cette lecture est juste, puisque, seul, il connaît la place de ces trois lignes dans l'original.

Le groupe ⟦cuné⟧ et presque tous ses équivalents se voient dans la grande inscription de Londres. Le type y présente deux formes : ⟦cuné⟧ et ⟦cuné⟧.

16.

⟦cuné⟧ = ⟦cuné⟧ 1. ⟦cuné⟧ 1. ⟦cuné⟧ 1.

17.

⟦cuné⟧ = ⟦cuné⟧ 2.

18.

⟦cuné⟧ = ⟦cuné⟧ 3. ⟦cuné⟧ 1. ⟦cuné⟧ 2.

Il me semble que les divers paragraphes précédents montrent que le nombre des petits coins, ⟨, était à peu près arbitraire. Quant à la valeur à attribuer à ces assemblages de coins, quel que soit leur arrangement ou leur nombre, elle me paraît assez difficile à déterminer. La terminaison du nom de Darius, dans les inscriptions trilingues, porte à donner au groupe ⬥ la valeur de la voyelle *ou;* mais cette détermination ne me paraît rien moins que certaine; rien n'indique en effet que le signe final du nom de Darius, ⬥, soit composé de deux portions distinctes, et c'est peut-être un caractère unique, comme le groupe ⬥. Pour moi, j'aimerais mieux faire de ces coins le signe d'une aspiration, plus ou moins forte, selon leur nombre, et modifiant les caractères auxquels ils se joignent. Je me fonde sur la fréquence de ce groupe à la fin des lignes, et par conséquent à la fin des mots dans les inscriptions de Van; il s'y rencontre en effet très-souvent, mais il affecte toujours une des formes usitées à Khorsabad, ⬥. Quelle que soit la nature de la langue assyrienne, qu'on lui attribue une origine sémitique ou indienne, il est impossible d'admettre que les mots de cette langue aient pu être aussi souvent terminés par la voyelle *ou;* l'aspiration, au contraire, est une finale très-usitée dans ces deux classes de langues.

Je dois cependant faire remarquer que, dans les inscriptions de Khorsabad et de Persépolis, le groupe ⬥ n'est jamais isolé, mais se présente toujours uni à d'autres caractères; aussi ne se trouve-t-il jamais seul à la fin des lignes, comme à Van. Cela peut tenir à une différence dans les langues employées dans les inscriptions de ces localités.

19.

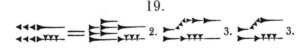

[cuneiform] [cuneiform] = [cuneiform] 4.

[cuneiform] [cuneiform] = [cuneiform] *

[cuneiform] = [cuneiform] *

La comparaison de ce type avec sa première variante prouve que les six coins [cuneiform] peuvent être
représentés par six clous horizontaux [cuneiform]. Le paragraphe suivant en montrera encore un exemple,
et il s'en présentera d'autres par la suite.

Il se pourrait qu'il y eût une différence entre les
groupes [cuneiform] et [cuneiform]; car on voit, par les
exemples ajoutés, que le second se montre beaucoup
plus souvent que le premier comme équivalent de
[cuneiform]; mais, avant de discuter ce qui a rapport
au groupe [cuneiform], je dois donner les variantes
d'un de ses équivalents, [cuneiform].

20.

[cuneiform] = [cuneiform] * [cuneiform] * [cuneiform] 2. [cuneiform] [cuneiform] 3.
[cuneiform] [cuneiform] 2.

[cuneiform] = [cuneiform] 4.

[cuneiform] = [cuneiform] 1.

[cuneiform] = [cuneiform] 1.

Le groupe [cuneiform], très-remarquable par sa complication et par la valeur qu'il me paraît avoir, se rencontre plusieurs fois au commencement de la plupart des inscriptions de Khorsabad, et chaque fois il est suivi de quelques signes qui paraissent être des épithètes; cette espèce de série est même précédée du trait perpendiculaire ⸢ qui, à Persépolis, indique les noms propres. Dans le courant des inscriptions, au contraire, le groupe dont je parle se présente rarement, et cette inégale distribution porterait seule à croire que ce n'est pas un signe usité comme lettre. En effet, la première et très-certaine variante ed ce caractère, ⟠, est presque entièrement semblable au monogramme ⟠, qui, dans les inscriptions trilingues de Persépolis, Van et Hamadan, représente certainement le mot *roi*. La ressemblance est d'autant plus frappante, qu'à Khorsabad même le caractère ⟠ est très-souvent figuré ainsi ⟠ ; dans cette forme, l'inclinaison du clou inférieur rappelle encore plus la forme persépolitaine, et pour qu'il y eût identité, il suffirait de reporter un peu plus en haut les deux clous horizontaux.

Voilà donc déjà une raison de croire que le signe ⟠ et son équivalent ⟠ représentent le mot *roi;* mais il y a plus : dans nos inscriptions, ce caractère est plusieurs fois remplacé par un assemblage de trois autres, dont le dernier est certainement un *r,* ⟠ ; or, si l'on jette les yeux sur les inscriptions qui entourent les fenêtres à Persépolis (Westergaard, pl. XVI, L.) on verra que le

— 23 —

nom de Darius n'y est pas suivi du monogramme
qui, dans toutes les autres inscriptions de cette localité, représente le mot *roi*. A la place où il devrait
se trouver, on remarque trois caractères, dont le
dernier, comme à Khorsabad, est sûrement un *r*.
⟨⟩ ; les deux premiers ressemblent certainement aussi beaucoup à ceux qui précèdent l'*r*
dans mes inscriptions. Que l'on compare, en effet,
les trois signes qui, à Khorsabad, remplacent ⟨⟩,
savoir :

avec les signes

substitués, à Persépolis, au monogramme, on verra
que le nombre des coins est le même de part et
d'autre. Dans le second signe de Khorsabad, il suffirait de reporter en dehors le clou intérieur, pour lui
donner une similitude parfaite avec le groupe correspondant de Persépolis ; enfin, les caractères terminaux sont des homophones indubitables. Mais veut-
on une analogie de plus pour prouver que les signes
du milieu ⟨⟩ et ⟨⟩, qui diffèrent le plus, sont en
réalité les mêmes ? Je prierai de remarquer que les
variantes du numéro 21 établissent que les formes
⟨⟩ et ⟨⟩ se substituent l'une à l'autre. Voilà donc
déjà le clou intérieur reporté à l'extérieur ; de plus,
cette espèce d'encadrement ⟨⟩, très-commun à

Khorsabad, ne se rencontre pas à Persépolis, ou,
dans tous les groupes qu'il contribue à former, il
prend la figure ⟨⟩. Ainsi, on trouve à Khorsabad

et à Persépolis ⟨⟩ et ⟨⟩

⟨⟩ et ⟨⟩.

En définitive donc, la forme ⟨⟩ équivaut, d'une
part, à ⟨⟩, et de l'autre, à ⟨⟩ : donc, le persépolitain ⟨⟩ équivaut au ninivite ⟨⟩

Telles sont les raisons sur lesquelles je me fonde
pour rapprocher les deux mots dont je viens de
parler; on ne peut croire que dans les inscriptions
des fenêtres, à Persépolis, on ait constamment
omis le titre royal, et il est au contraire très-probable qu'on l'a exprimé; il a donc dû être représenté par les trois caractères qui suivent le nom
propre; et de leur ressemblance avec ceux qui
remplacent, à Khorsabad, le groupe ⟨⟩, j'en
conclus que celui-ci est un monogramme représentant l'idée de *roi*.

Mais quelle valeur doit-on donner à ces caractères
dont un seul, l'*r*, est bien connu? Faut-il y chercher
un mot chaldéen, par exemple מרא? Faut-il emprunter le سر des Persans? Faut-il remonter jusqu'au
zend, et chercher dans ces caractères la racine du
mot *ahura*, qui, selon M. Burnouf, a pu avoir le

sens de seigneur? C'est ce que je n'oserais décider.
Cependant, si l'on me permet d'exprimer mon opinion, je penche vers cette dernière manière de voir,
me fondant sur quelques raisons que je vais livrer
à l'appréciation du lecteur.

Pour voir dans les trois signes 𒀭 𒁹 𒈠 le mot
chaldéen *mara*, il faudrait donner aux deux premiers
la valeur de l'*m*. Or, je ne les ai jamais vus paraître
comme équivalents de cette lettre telle qu'elle nous
est donnée par le nom d'Ormuzd; ce serait donc
tout à fait arbitrairement qu'on leur en attribuerait
le son. Il n'y a non plus aucun indice qui puisse nous
conduire à faire. une *s* des signes 𒀭𒁹, et, par
conséquent, nous ne pouvons avoir aucune raison
de chercher dans le mot en question le mot *ser*. Au
contraire, il me semble que le second signe 𒁹
est la voyelle *ou*. Dans les inscriptions trilingues, en
effet, à la place où la voyelle *ou* doit se trouver
dans le nom d'Ormuzd, on remarque le signe 𒀀,
et il est naturel de donner à celui-ci la valeur de
cette voyelle. Maintenant, si on fait attention aux
différentes formes de la lettre *r* dans ces inscriptions,
on verra que cette lettre est souvent faite ainsi 𒈨,
au lieu de 𒅀. Or,

entre 𒈨 et 𒅀,

il y a précisément la même différence qu'entre·

𒁹 et 𒀀.

Si donc, malgré cette différence, les deux pre

miers caractères sont identiques, il y a toute raison de croire que les deux derniers le sont aussi, et qu'ils représentent également le son *ou* que nous devons trouver à cette place dans le nom d'Ormuzd.

Si ce raisonnement est juste,  représenterait la syllabe *our*, et en donnant aux six coins qui précèdent la valeur d'une aspiration forte, il résulterait des trois signes  le mot *hour* ou *khour*, dont l'analogie avec *ahura*, d'une part, et *khour*, *soleil*, de l'autre, est également évidente. Je prie, au reste, les lecteurs de croire que je donne cette supposition avec beaucoup de méfiance, bien persuadé que nous n'aurons l'espoir d'arriver à des résultats certains, que quand nous posséderons l'inscription de Bisitoun.

On a vu, dans le paragraphe 20, que notre monogramme  est quelquefois représenté par 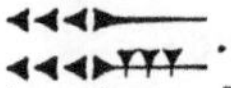. Cela n'infirme en rien la supposition que je viens de faire; car le signe , malgré sa ressemblance avec la lettre *n*, qu'on peut déduire du nom d'Achéménide, ne paraît cependant pas en être l'équivalent. Je n'ai jamais rencontré qu'une fois ces deux signes à la place l'un de l'autre, et leur grande ressemblance peut avoir causé une erreur. Au contraire, dans le système communément appelé médique, le signe 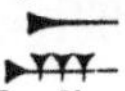 est, selon M. Westergaard, une des formes de l'*r*, ou plutôt une des syllabes qui contiennent cette lettre. J'ai moi-même trouvé deux fois dans mes inscriptions

►╢╽◄╿ ►╢╽◄╿ = ►╢╽◄╿ ╤╥╥ ►╢╽◄╿

Si ╤╥╥ représentait la lettre *n*, on ne pourrait comprendre son absence, qui s'explique, au contraire, si
ce caractère était employé comme redoublement
d'un *r* précédent. En suivant ces indices, on arrive à conclure que ◄◄◄╥╥ représentent les lettres
khr, au lieu de *khour* que donnent, selon moi,
◄◄◄╜╢ ◄╢. Rien ne s'oppose donc à ce que le monogramme ╤╥╥ serve également à représenter
les deux assemblages de signes.

Je passe à la seconde variante de ce monogramme, savoir : ◄◄; elle est très-fréquente et très-
certaine ; mais ce qui la rend surtout remarquable,
c'est que, dans les inscriptions trilingues, elle se présente à la place des deux signes ╗► ╞╢╿ dans le
nom d'Achéménide. Rien ne semble donc plus naturel que de lui donner la valeur *n*, puisqu'un de
ces deux signes, et, d'après l'opinion commune, le
premier, doit représenter cette lettre. Ce serait cependant, selon moi, une erreur, et je regarde ces
deux coins comme une abréviation. Nous voyons qu'ils
se substituent très-fréquemment à un monogramme
représentant lui-même trois caractères, dont l'un a
certainement le son *r*. J'ai aussi rencontré plusieurs
fois ces deux coins comme équivalent de la lettre *m*
╞╢, telle qu'on peut la déduire du nom d'Ormuzd;
il peut donc y avoir des doutes légitimes sur la valeur
qu'on leur attribuerait en la déduisant de leur substitution à l'*n* d'Achéménide.

Cependant comme mon but est moins de faire connaître mon opinion, que de faciliter les recherches des autres, je ne dois pas cacher que, dans les inscriptions des fenêtres de Persépolis, on peut voir un *n* 𒀭 dans le groupe 𒁹 𒁹, et persister, en conséquence, à chercher cette lettre dans le terme, quel qu'il soit, qui a dû signifier *roi* chez les Assyriens. Cela confirmerait alors cette valeur de *n* pour les deux coins ◀◀, puisqu'il ne serait pas étrange de les voir remplacer un groupe qui contiendrait cette lettre. On pourrait même appuyer cette manière de voir sur les mots *narpa* et *naqa*, qui, dans la partie zend de quelques inscriptions, remplacent le mot *roi* ordinaire.

Moi-même je regrette de ne pouvoir me ranger à cette opinion, qui aurait pour moi l'avantage de me donner le nom de Ninive, écrit ainsi :

◀◀ 𒀭 𒁹 𒅆 𒅆

Je rencontre, en effet, souvent ce nom dans mes inscriptions, et toujours précédé du signe indicatif des villes ou pays, 𒆠 ou 𒌷. On trouve même 𒈗 𒆠 ◀◀ 𒀭 𒅆 𒅆, ce qui signifierait *roi de Ninive*. Le caractère 𒀭, à en juger meme par les inscriptions trilingues, est un équivalent du signe considéré comme l'*n* d'Achéménide. En lui donnant le son *nou*, et aux deux coins le son *ni*, on aurait *ninou;* puis viendrait une terminaison aspirée *ah*, et l'on obtiendrait ainsi exactement le nom de Ninive,

tel qu'il s'écrit et se prononce encore aujourd'hui.
Je dois faire remarquer que la terminaison ⫶⫶ ⫶⫶,
pour des noms de pays ou de villes, est assez commune, soit dans les inscriptions trilingues, soit dans
celles de Khorsabad.

Je laisse à d'autres le soin de décider entre ces
deux opinions ; mais peut-être serait-il possible de
les concilier, en admettant qu'il y ait eu, chez les
Assyriens, deux mots signifiant *roi*, comme cela a
eu lieu chez les Persans.

Je n'ai jamais remarqué dans les inscriptions de
Van le monogramme ⟗, ni son équivalent
⟗ ; je n'y ai pas remarqué non plus le monogramme usité à Persépolis, pas même après les séries de signes, précédées du trait perpendiculaire ⫶,
qui indique les noms propres. Il n'en est pas de
même des deux coins ◁◁; on les trouve dans ces
inscriptions, et, entre autres, une fois après un nom
propre. (Planches de Schulz, n° XLII, lig. 12.) On
les rencontre aussi deux fois répétés et suivis du
signe du pluriel (*ibid.* n° XXXVIII, lig. 7), ce qui
répondrait à la formule « roi des rois, » le mot *roi*
étant représenté par ◁◁, au lieu de l'être par le monogramme ordinaire de Persépolis. Enfin, on voit
presque toujours, au commencement des inscriptions de Khorsabad, le monogramme ⟗, suivi
des deux caractères ⟗ ⟗, et il en est de même,
à Van, pour les deux coins ◁◁. (Voyez, pour exemple,
le numéro XXVII, A, lig. 5.) Ces divers indices don-

nent lieu de croire que, dans les inscriptions assyriennes trouvées en Arménie, le rôle du signe ⪪
a été le même que dans celles de Ninive.

Je dois dire enfin que j'ai reçu de M. Layard la
copie d'une des inscriptions que les fouilles exécutées
dans le monticule de Nemroud lui ont fait découvrir.
Cela m'a donné l'occasion de voir que les deux coins
y étaient employés comme à Khorsabad et suivis des
mêmes signes que je considère comme des épithètes.
Ainsi, au commencement de cette inscription de
Nemroud, on remarque ⪪ 𒂍𒅆 ⤳, de même
que dans mes inscriptions et dans celles de Schulz.

21.

𒀸 = 𒂍 * 𒂍𒅆 3. 𒂍𒅆 1. 𒅖 1. ⟨𒂍𒅆 1.

𒅋 1. 𒀭 * 𒀸 ꝑ. (𒅆 𒂍) 1.

𒂍 = 𒅖 𒂍 1.

Les équivalents 𒅋 et ⪫ ne sont évidemment que
des formes un peu différentes du type ⪪; elles
proviennent de la position du coin oblique à une
extrémité ou à l'autre du clou perpendiculaire. La
première variante 𒂍 est extrêmement fréquente;
il est, je crois, permis d'assurer qu'elle est composée d'abord du type ⪪, dont le coin incliné est
représenté par le clou inférieur le plus long, ⪫,
puis de trois clous horizontaux ajoutés à ce type.
On trouve, en effet, le caractère 𒂍, figuré ainsi

⊫, forme qui démontre bien l'indépendance des
deux portions qui, selon moi, entrent dans sa composition. Ce n'est pas le seul cas où j'aie remarqué
l'adjonction arbitraire de trois clous horizontaux à
un groupe ordinairement plus simple; le caractère
⊱⊤ nous en fournira un autre exemple; car, dans
quelques-unes de mes inscriptions, il est constamment fait ainsi, ⊱⊟, ce qui, comme je le dirai,
m'a conduit à le retrouver dans l'écriture babylonienne.

Le type ◁ est un caractère très-fréquemment
final dans mes inscriptions, et il en est de même de
son équivalent ⊟. Au contraire, on ne le trouve
pas à la fin des lignes dans les inscriptions assyriennes de Van, quoiqu'il se rencontre dans leur
intérieur. Je n'ai pas vu dans ces mêmes inscriptions
le signe ⊟, du moins sous cette forme complète;
mais il est possible qu'il y soit remplacé par un
autre qui en diffère peu, ⊒, et que je n'ai pas vu
à Khorsabad.

Dans les inscriptions babyloniennes, le type ◁
se rencontre; quant à son équivalent ⊟, au contraire de ce qui a lieu pour ce même signe à Van,
il semble être augmenté d'un clou horizontal; on y
voit ⊟ au lieu de ⊟. C'est le cas, au reste, pour
d'autres caractères; ainsi, dans la grande inscription
de la compagnie des Indes, on a ⊟‖‖⊨ au lieu
de ⊨‖‖⊨.

A Persépolis, on trouve les deux formes ⟨⟨ et
⟨⟨ ; mais celle-ci est plus fréquente et quelquefois
modifiée. On n'a qu'à remarquer, en effet, dans les
inscriptions trilingues, le mot qui doit signifier *protéger* ⟨⟨ ⟨⟨ ⟨⟨ ⟨⟨ ; on verra que quelquefois il a pour finale ⟨⟨ (Westergaard, pl. XIV,
lig. 19), et d'autres fois ⟨⟨ (*id.* pl. XVII, lig. 9).
ces mêmes formes se voient aussi dans les planches
de Rich. Je reviendrai sur ce sujet lorsque je parlerai du signe ⟨⟨ lui-même et de ses variantes.

22.

⟨⟨ = ⟨⟨? ⟨⟨—? ⟨⟨—? ⟨⟨ ⟨⟨ 1. ⟨⟨ *

Comme on le sait, le caractère que j'ai pris pour
type se rencontre plusieurs fois dans le nom de
Xerxès. Toutes les variantes marquées d'un point
d'interrogation sont assez fréquentes, surtout la seconde ⟨⟨— ; mais, comme la forme en est très-semblable à celle du type, la substitution peut avoir été
causée par une erreur; aussi, pour qu'on puisse bien
comprendre à quelle difficulté donne lieu la variante
⟨⟨—, je dois d'abord donner les équivalents de
celle-ci.

23.

⟨⟨ = ⟨⟨ 4. ⟨⟨ 2. ⟨⟨ 1. ⟨⟨ 2. ⟨⟨ 1. ⟨⟨ 1.
⟨⟨ ⟨⟨ 1.

⊣⊢ ⊨⊤⊤ = ⊭⊨ ⊨⊤⊤ 2.

⊻⊢ ⊣⊢ ⊿⊤ = ⊨⊣⊿⊤ ⊢ ⊢⊣⊿ ⊢⊣⊢ 1.

⊻⊢ ⊣⊢ ⊿⊤ = ⊨⊤⊤ ⊢ ⊢⊣⊢ 1.

Le type ⊣⊢ a, comme on le voit, quelques variantes, ⊣⊤, ⊢⊤⊢, ⊤⊢, qui ne sont peut-être dues qu'à·des fautes; mais nous le voyons paraître quatre fois comme équivalent du caractère ⊢⊤⊤, auquel on se croit fondé à donner la valeur de. *n*, puisqu'on trouve un signe presque semblable dans le nom d'Achéménide. L'équivalence de ce type ⊣⊢ avec le caractère précédent ⊣⊤⊢, qui se rencontre dans le nom de Xerxès, était un fait si difficile à concilier avec sa substitution au caractère ⊢⊤⊤, que j'ai dû m'assurer avec soin de ce dernier fait. Les exemples en sont certains, car ils se trouvent dans des inscriptions d'une conservation admirable et dont j'ai des empreintes parfaites. On serait donc conduit, par ces exemples, à donner au signe ⊣⊢ la valeur de *n* ou une valeur approchante, et l'on peut même trouver, dans le système médique, une analogie qui vient à l'appui de cette détermination. Dans ce système, le son *ni* est, selon M. Westergaard, représenté par le signe ⊣⊢, qui ne s'éloigne certainement pas beaucoup du nôtre. D'un autre côté, cette lettre *n* ne peut faire partie du nom de Xerxès, et cependant les exemples de ⊣⊢ substitué à ⊣⊤⊢ sont fréquents. Cette double équivalence nous conduit donc à donner au caractère ⟨— deux valeurs inconciliables.

D'où cette difficulté peut-elle provenir? Il est permis de l'attribuer à la confusion possible de deux signes comme ⟨— et ⟨—, dont la forme serait presque semblable, quoique la valeur en fût très-différente. J'ai trouvé, en effet, le caractère ⟨— très-souvent figuré ainsi ⟨—; la tête du clou horizontal commence à paraître, et le graveur n'aurait eu qu'à la séparer un peu du clou perpendiculaire pour obtenir le signe ⟨— Sans doute, on peut trouver singulier que des sons aussi différents que *n* et *ch* aient été représentés par des lettres presque semblables; mais il y a d'autres exemples de ce cas, et l'on en trouve même dans le système médique, et précisément pour les mêmes sons: dans cette écriture, en effet, les sons *ni* et *chi* sont respectivement représentés par ⟨— et ⟨—.

Si l'on n'admet pas la confusion possible de nos deux caractères, il faut renoncer aux lectures les plus naturelles des noms de Xerxès et d'Achéménide, et les lettres ⟨— et ⟨— ne peuvent plus être les lettres *n* et *ch*; il faut alors en faire des voyelles ou des aspirations, seules articulations qui puissent se rencontrer à la fois dans ces deux noms. Cette opinion, je l'avoue, paraîtra peu probable, mais c'est cependant celle vers laquelle je penche; je crois que les noms d'Achéménès et de Xerxès ont été mal lus, et que les signes ⟨— et ⟨— n'ont pas les va-

— 35 —

leurs de *n* et de *ch*, mais que ce sont des voyelles simples ou aspirées. C'est, selon moi, la seule manière d'expliquer la présence de ce signe ⟨signe⟩ au commencement du nom d'Artaxerxe.

Le signe ⟨signe⟩ a un autre équivalent remarquable; je l'ai trouvé deux fois substitué au caractère ⟨signe⟩, qui termine le nom d'Hystaspe. Cette substitution me paraît inconciliable avec la valeur de *n* ou de *ch*, qu'on peut déduire, soit de sa ressemblance avec le ⟨signe⟩ de Xerxès, soit de son équivalence à l'*n* d'Achéménide. J'ai donné les deux exemples de la substitution de ⟨signe⟩ à ⟨signe⟩ pour qu'on puisse en juger.

Dans la troisième colonne des inscriptions trilingues, à Persépolis et à Van, je n'ai vu que le signe ⟨signe⟩ et jamais ⟨signe⟩; il en est de même dans les inscriptions purement assyriennes de Van. Dans l'écriture de Ninive, j'ai remarqué que le signe ⟨signe⟩ était assez souvent supprimé, et cette particularité existe aussi dans les inscriptions trilingues. On en a un exemple dans le mot ⟨signe⟩ ou ⟨signe⟩ ⟨signe⟩ (West. Pl. XIV, lig. 7), et ⟨signe⟩ ⟨signe⟩ (*Id.* Pl. XIII, lig. 3). On peut voir dans ce fait un nouveau motif de croire que ce signe ⟨signe⟩ n'est pas une consonne, mais une voyelle ou une aspiration.

Dans ces mêmes inscriptions trilingues, on remarque un assemblage assez fréquent, ⟨signe⟩, dans la composition duquel entre notre signe ⟨signe⟩.

3.

Dans l'analyse que j'ai faite du contenu de ces inscriptions, il m'a semblé que, partout où elle se rencontre, cette réunion de signes paraissait jouer le
rôle du pronom conjonctif, *qui, lequel.* Si l'on dé-
montrait que le signe ◄▌— a réellement la valeur
du *ch*, il serait très-facile de trouver, dans l'assemblage en question, le pronom relatif des hébreux,
אשר; car j'ai quelques substitutions propres à faire
supposer que le second signe ⊬⊦⊣ est lui-même une
des formes déjà si nombreuses de l'*r*. Ce qui me
semble certain, c'est que, dans les inscriptions de
Ninive, l'assemblage dont je parle est représenté
par ◄▌—⊬⊦⊣ ou par ◄▌►—⊬⊦⊣, la première forme
étant la plus usitée. Or, dans mes inscriptions, ces
deux lettres réunies ont certainement une fonction
qui permet de les supprimer dans la contexture de
la phrase, puisque cela a été souvent fait. D'autres
fois, ces deux lettres sont représentées par le seul
signe ◄, dont M. Westergaard fait, dans l'écriture
médique, un *ou*, et il est facile de concevoir que
dans beaucoup de cas, sans altérer le sens, on ait
pu lier deux idées par la simple conjonction *ou*, ⌐,
au lieu de les lier par le pronom relatif. Cela expliquerait très-bien la substitution du coin ◄ au groupe
◄▌—⊬⊦⊣.

Le même assemblage a été employé dans l'écriture babylonienne; on le voit souvent, dans la grande
inscription de la Compagnie des Indes, fait exactement comme dans la troisième colonne des inscrip-

tions trilingues. Il existe aussi sur la pierre de Michaud.

24.

25.

Je mets ces deux paragraphes à la suite l'un de l'autre parce qu'ils doivent être discutés ensemble.

Sauf l'inclinaison du clou horizontal supérieur, le type ⟝⟞ est tout à fait semblable au signe qui, dans le nom d'Achéménide, semble représenter la lettre *n*. La forme conduirait donc seule à donner cette même valeur *n* à notre signe ⟨⟩ ; mais on arrive, par une voie indirecte, à rendre cette détermination encore plus probable.

Il faut d'abord remarquer que ⟨⟩ est un équivalent de ⟨⟩ ; je n'en puis, il est vrai, donner qu'un seul exemple direct ; mais une double équivalence vient à l'appui de cet unique exemple :

On a d'une part

$$\rightarrow\!\!\!\!/ = \rightarrow\!\!\!\!\text{⟨⟩}$$

et de l'autre

$$\rightarrow\!\!\!\!/ = \rightarrow\!\!\!\!\text{⟨⟩}$$

donc ⟨⟩ = ⟨⟩ Ceci posé, il me reste à faire voir que le groupe ⟨⟩ peut avoir lui-même la valeur de la nasale *n*, pour confirmer au caractère ⟨⟩ cette même attribution déjà déduite de sa ressemblance avec l'*n* d'Achéménide.

On sait, par les travaux de MM. Westergaard et Rawlinson, que dans les écritures cunéiformes persane et médique, une des formes de l'*n* est ⟨⟩, qui se rapproche déjà beaucoup de notre signe ⟨⟩, et encore plus de ses variétés ⟨⟩, ⟨⟩, etc. que l'on trouve, soit dans mes inscriptions, soit dans les inscriptions trilingues. A ces ressemblances de forme se joint l'exemple d'un équivalent commun aux deux signes. On vient de voir, en effet, que ⟨⟩ peut être remplacé par ⟨⟩, et il en est de même pour le signe ⟨⟩ dans les inscriptions trilingues. Le verbe *creavit* y est en effet écrit tantôt

⟦cuneiform⟧ (Rich, tab. XVIII, lig. 1),

tantôt

⟦cuneiform⟧ (Schulz, tab. VII, lig. 4).

Cet exemple prouve l'équivalence de ⟦cuneiform⟧ et de ⟦cuneiform⟧; nous avons, en conséquence, cette double identité :

$$⟦cuneiform⟧ = ⟦cuneiform⟧$$
$$⟦cuneiform⟧ = ⟦cuneiform⟧$$

donc ⟦cuneiform⟧ = ⟦cuneiform⟧, comme cela résultait de la simple ressemblance de forme. Cette discussion me semble conduire à trois conséquences :

1° Le signe ⟦cuneiform⟧ est un équivalent certain de ⟦cuneiform⟧, caractère très-semblable lui-même à la lettre *n* du nom propre Achéménide;

2° ⟦cuneiform⟧ est également semblable à une autre forme de la lettre *n*, empruntée aux écritures médique ou persane;

3° Ce double rapprochement confirme la valeur de *n* pour les deux signes équivalents ⟦cuneiform⟧ et ⟦cuneiform⟧.

Si ces raisonnements étaient justes, il en résulterait quelques conséquences curieuses. J'obtiendrais d'abord la lecture d'un des pronoms de la troisième personne dans la langue assyrienne. En analysant les inscriptions trilingues, j'ai remarqué un groupe de deux signes ⟦cuneiform⟧ qui, presque partout, commence des membres de phrases et m'a paru avoir le sens de *lui* ou *il*. En donnant au signe ⟦cuneiform⟧ le son *n*,

on obtiendrait *án* ou *han*, הנ, ce qui serait presque
exactement le pronom syriaque.

Il faut remarquer que ce mot 𒀀 𒈨, très-
commun dans mes inscriptions, est tellement un
mot à part, qu'il est très-souvent représenté par
une abréviation, un clou horizontal ▬; ce groupe
est souvent aussi remplacé par 𒂊 ou
𒂊, dont la première partie 𒂊 est très-
probablement une voyelle ou une aspiration, comme
je le montrerai. Rien n'est plus fréquent que la substitution du clou horizontal ▬ à ces groupes, que
je considère comme le pronom de la troisième personne.

Il y a plus, on sait que dans les inscriptions trilingues, après l'invocation ordinaire, le roi parle à
la première personne; or, à cette même place où
nous devons trouver dans la colonne assyrienne le
mot *ego*, nous voyons 𒀀 𒈨 𒂍. Le dernier
de ces trois caractères est tout à fait semblable au
caractère initial du nom de Cyrus, et il devient alors
bien facile de voir dans notre mot le pronom hébreu
de la première personne אנכי. Cette coïncidence est
certainement curieuse.

Enfin, le mot *homme*, autant qu'on peut le séparer de ce qui l'entoure, est écrit de deux manières;
quelquefois un seul caractère 𒇽, suivi du signe
du pluriel 𒈨𒌍, le représente (Rich, tab. XXII,
l. 3); quelquefois il y en a deux, et enfin on en
rencontre trois 𒀀 𒈨 𒇽. En donnant à ce

dernier signe le son *ch*, on obtiendrait pour le mot *homme* le mot assyrien *ich* ou *anich*, très-semblable à la racine sémitique. M. Löwenstern a déjà remarqué ces deux faits, mais il croit pouvoir tirer le même mot *anoch* d'une autre forme du mot *homme*, qui se rencontre également dans les inscriptions trilingues. Mon intention n'est pas de critiquer son travail, et je me bornerai à faire observer que l'attribution du son *ch* au caractère final de cette autre forme du mot homme, aurait pour conséquence de forcer cet auteur à abandonner sa lecture actuelle du nom de Xerxès. C'est ce que je démontrerai en parlant du caractère ⚔, et je ferai voir en même temps combien, avec nos moyens actuels, l'analyse de ce nom propre est difficile.

Toutes les suppositions que je viens de faire sont bien séduisantes; mais il ne faut pas oublier que ce sont de pures suppositions, et je ne les ai exposées que pour recueillir les moindres indices; je n'en suis pas moins disposé à croire que les signes ⟶, ⟶ et ⟶ sont des voyelles, et j'espère pouvoir le démontrer. Mais, pour le moment, revenons aux faits matériels.

Ces trois derniers caractères se trouvent, comme je l'ai dit, dans les inscriptions trilingues; dans l'écriture babylonienne, on ne trouve pas le signe ⟶. Quant au signe ⟶, je crois l'y voir souvent, mais modifié ainsi ⟶, forme qui a une analogie évidente avec ma variante ⟶. Je doute d'autant moins de la justesse de ce rapprochement, que, dans l'inscription de la Compagnie des Indes, on voit à chaque instant ce signe babylonien associé aux caractères ⟮ et ⟯, comme cela a lieu dans mes inscriptions, pour ⟮, ou son équivalent ⟯. Je retrouve donc dans cette inscription ce que je regarde comme le pronom de la troisième personne, car les groupes babyloniens ⟮ ⟯ ou ⟯, me semblent correspondre tout à fait aux groupes ninivites ⟮ ⟯ ou ⟯.

Quant à l'écriture assyrienne de Van, c'est au contraire le signe ⟮ qui y manque, ce qui explique pourquoi les caractères ⟯ et ⟯ sont beaucoup plus fréquents que dans mes inscriptions. Je n'ai pas pu par conséquent y retrouver mon pronom ordinaire ⟯ ⟮, mais il peut y être remplacé par le groupe ⟯ ⟯, qui se rencontre souvent. Il ne faut pas, en effet, voir une différence réelle dans la forme du premier signe, car si à Van on trouve constamment ⟯, ce signe à Khorsabad se substitue indifféremment à ⟯ Ces deux formes sont tout à fait équivalentes, comme le prouvent mille exemples.

Parmi les variantes du signe ⟯, il y en a une, ⟮, qui s'est présentée trois fois, mais qui, cependant, peut être due à une erreur; il est possible, en effet, que l'adjonction ou l'oubli de la portion ⟮ ait causé une substitution apparente de ⟯ à

𒐫 ; ce fait n'en mérite pas moins l'attention,
car le caractère 𒐫 est la lettre initiale du nom
d'Hystaspe; s'il était réellement équivalent à 𒐫,
il serait impossible de faire de celui-ci une *n*, et
on serait au contraire porté à en faire une aspiration; aucune autre valeur, en effet, n'expliquerait
l'équivalence de ce caractère 𒐫 avec l'initiale du
nom d'Hystaspe, d'une part, et de l'autre avec un
signe qui se trouve au milieu du nom de Xerxès,
et au commencement de celui d'Artaxerxe.

Je n'ai rencontré qu'un cas de la substitution de
𒐫 à 𒐫 ; par conséquent, il y a tout lieu de
l'attribuer à une erreur très-facile à commettre, la
différence ne consistant que dans un seul clou.

J'ai ajouté quelques exemples de combinaisons
dans lesquelles entre le signe 𒐫, remplacées par
d'autres caractères. Deux fois, par exemple, j'ai vu
𒐫 𒐫 substitués à 𒐫 𒐫; cela conduirait
à rapprocher la valeur de 𒐫 de celle de 𒐫,
car le caractère 𒐫 qui précède est certainement
un équivalent de 𒐫, ainsi que de 𒐫 ou 𒐫 ;
mais il ne serait pas prudent de se fier à ce rapprochement, car il s'agit peut-être, dans ce cas, d'un
mot remplacé par un autre tout différent. A cette
occasion, je dois faire une remarque que j'aurais
dû faire dès le commencement de ce travail; c'est
qu'on ne doit baser la certitude d'une équivalence
que sur les cas où un seul signe en remplace fré-

quemment un autre, tout le reste, d'ailleurs, étant exactement semblable. Sans cette précaution, on s'exposerait à regarder comme équivalents des signes qui représenteraient en réalité d'autres mots, et non pas les mêmes sons ; en changeant un mot dans une phrase, il peut y avoir équivalence pour le sens, la valeur phonétique des caractères étant cependant très-différente.

Une seule fois j'ai vu ⟦signe⟧ ⟦signe⟧ remplacé par ⟦signe⟧ ; je n'en ai pas moins noté ce fait, parce que souvent ce dernier signe ⟦signe⟧ remplace un groupe très-remarquable qui se trouve au commencement de toutes mes inscriptions ; c'est ⟦signe⟧ ⟦signe⟧ ⟦signe⟧. Le dernier de.ces signes est certainement, comme nous l'avons vu, l'équivalent de ⟦signe⟧ ; par conséquent, il n'est pas étonnant de voir un seul et même signe ⟦signe⟧ remplacer à la fois les deux groupes ⟦signe⟧ ⟦signe⟧ et ⟦signe⟧ ⟦signe⟧ ⟦signe⟧.

J'ai vu deux fois le signe ⟦signe⟧ en remplacer trois autres ⟦signe⟧ ⟦signe⟧ ⟦signe⟧, et j'ai vérifié ce fait sur les empreintes, parce que, d'après les valeurs attribuées ci-dessus à ces derniers caractères, on est tenté d'y chercher le nom de Ninive, et de voir, par conséquent, une abréviation de ce nom dans le caractère ⟦signe⟧ ; dans aucun de ces deux cas, le prétendu nom n'est précédé du déterminatif ordinaire des villes ⟦signe⟧ ou ⟦signe⟧.

26.

𒀹 = 𒀹𒁹 * 𒁹𒁹 1. 𒀹𒁹 2. 𒀹𒁹 3.

𒀹𒁹 3. 𒀹 2.

𒀹 𒀹 = 𒀹𒈨 1.

J'ai déjà dit que les signes 𒀹 et 𒁹 étaient
tout à fait équivalents, et je ne reviendrai pas là-
dessus. Deux fois seulement j'ai vu paraître 𒀹 à la
place de 𒀹; je regarde en conséquence cette substitution comme douteuse et comme provenant d'une
confusion possible entre les deux signes. Dans mes
inscriptions, en effet, les deux coins obliques 𒀹
s'allongent souvent comme de véritables clous, et
il devient alors facile de confondre 𒀹 avec 𒀹;
quoi qu'il en soit, l'équivalence de 𒀹 avec 𒁹 est
certaine, et par conséquent ce que l'on a regardé
comme le nom de la Perse, dans l'inscription de
Nakchi Roustam, ne peut être le nom de cette contrée; le voici : 𒀹 𒁹 𒈨. Les deux premiers
signes étant homophones, il faut y chercher un nom
dont les deux premières lettres soient identiques ou
tout au moins semblables, comme la Babylonie ou
la Susiane, par exemple. Le second nom convien-
drait mieux, car le signe 𒈨 ne peut être une *l*,
mais bien plus probablement la voyelle *ou* avec ou
sans aspiration. Le but de ce travail n'étant pas la
détermination de la valeur des lettres, je ne veux
rien décider au sujet de ce nom; mais je puis assu-

rer que si 𒁹 est un *b* il doit en être de même de
𒌋𒌋.

J'ai fait remarquer l'équivalence du signe 𒁹 avec
𒂍, et j'ai dit que ce dernier contenait le premier,
plus trois clous horizontaux ajoutés. Il est singulier
que 𒁹 soit dans le même cas relativement à sa
variante 𒌋𒂍; il y a à peu près le même rapport
entre

$$\text{𒁹 et 𒂍 ou 𒂍}$$

qu'entre

$$\text{𒁹 et 𒌋𒂍 ou 𒂍𒂍}.$$

Un rapport du même genre s'est montré, comme
je l'ai dit, entre l'équivalence de

$$\text{𒌋 et 𒁹}$$

et celle de

$$\text{𒌋 et 𒁹}$$

J'appelle l'attention sur ces détails, parce que les
cas où l'on peut apercevoir, dans la formation des
caractères cunéiformes, quelque trace d'un système
sont fort rares.

Le caractère 𒁹 se voit dans l'écriture assyrienne
de Van aussi bien que dans celle de Babylone.

27.

$$\text{𒁹 = 𒁹 1. 𒈨 1.}$$

28.

$$\text{𒁹 = 𒈨 2. 𒌋 2. 𒁹 1. 𒁹 1.}$$

⋈⊢—=⊏⊐ 3. ◁⌐⊢— 2. ◁⌐⊢— 1.

⋈⊢—=◁⌐⊢— 1.

Je place à la suite l'un de l'autre les paragraphes 27 et 28, pour que le lecteur puisse voir que les signes ⌐⊢— et ◁⌐⊢— nous offrent la même difficulté que nous ont déjà présentée les signes ◁⌐⊢— et ◁⌐⊢—; sont-ce des formes différentes d'un seul et même caractère, ou sont-ce des caractères différents en réalité, mais qu'une forme assez semblable a pu faire confondre souvent entre eux? Je n'ose rien décider, mais je suis porté à croire à une différence réelle entre ⌐⊢— et ◁⌐⊢—. Pour ces deux signes, la variante ◁⌐⊢— me paraît positivement provenir de l'oubli d'un coin oblique.

Dans l'écriture assyrienne de Van on trouve les caractères ◁⌐⊢— et ⊏⊐; dans celle des inscriptions trilingues, je ne trouve que l'équivalent ⊏⊐; enfin, dans l'écriture babylonienne, je vois, outre le signe ◁⌐⊢—, plusieurs caractères qui me semblent avoir beaucoup de rapport avec ⋈⊢— et ⊏⊐; mais je n'ai pas encore assez étudié cette écriture pour pouvoir affirmer l'identité des formes ninivite et babylonienne.

29.

目=◁⌐ * ⊏⌐⌐⌐ 3. ⊏⌐⌐⌐ 目 2. 目 1. 目 1.

◁ 2. 目 1. ◁⌐⊢— 1. ⊐⌐ 1.

Rien n'est plus fréquent que l'échange de 𒀭 avec 𒀀 ou 𒁹, et il ne peut y avoir de doute sur l'équivalence de ces signes; les formes 𒂊 et 𒀭 montrent d'ailleurs comment s'opère le passage de l'un à l'autre. Le caractère 𒀀, au contraire, ne s'est présenté qu'une fois comme remplaçant de 𒀭, et, en conséquence, j'attribue cet exemple à une confusion entre 𒀀 et 𒀀.

Il ne peut y avoir de doute sur les cas dans lesquels 𒀭 est remplacé par 𒌨 ou 𒌨 𒀭; mais il ne faut pas y voir, je crois, une équivalence réelle : en effet, les exemples que j'ai remarqués sont peut-être des abréviations d'un verbe très-usité et qui se rencontre dans les inscriptions trilingues, c'est le verbe ⟨cunéiforme⟩, dont la signification doit être *bâtir* ou *protéger*, selon la manière dont on analyse la partie assyrienne de ces inscriptions. Ce verbe se rencontre souvent dans les textes decouverts à Khorsabad, et c'est dans cet assemblage de lettres seulement que j'ai vu ⟨cunéiforme⟩ à la place de ⟨cunéiforme⟩ ou de ⟨cunéiforme⟩. Il semble, en effet, évident, qu'on a fait souvent usage d'abréviations dans les inscriptions assyriennes, et il est possible que le cas dont je parle en soit un exemple au lieu d'être un exemple d'une lettre substituée à une ou deux autres.

La forme ⟨cunéiforme⟩ est précisément celle sous laquelle notre caractère ⟨cunéiforme⟩ est quelquefois gravé à Persépolis. On en a un exemple dans ce même mot ⟨cunéiforme⟩ (Westergaard, tab. XIX, lig. 19).

Quant aux équivalents ⟨cunéiforme⟩ et ⟨cunéiforme⟩, ils sont trop différents de ⟨cunéiforme⟩ pour qu'on puisse soupçonner une erreur; mais, comme on le voit, ils sont trèsrares. Le second ⟨cunéiforme⟩ est cependant remarquable, car c'est le *b* du système cunéiforme persan, et on en voit certainement le rapport avec la dernière lettre du nom d'Hystaspe ⟨cunéiforme⟩, dans le système assyrien. En se fondant sur cet exemple de ⟨cunéiforme⟩ substitué à ⟨cunéiforme⟩, on pourrait voir, dans ce dernier groupe, un *b* ou un *v;* il n'y aurait alors rien d'étonnant à ce qu'il parût comme équivalent de ⟨cunéiforme⟩, qui est la première lettre du nom d'Hystaspe, et pourrait être un *v* (Vistaçpa). Je fais ce rapprochement sans y attacher aucune importance; le signe ⟨cunéiforme⟩ est trop fréquemment final pour avoir pu être un *b*. Pour moi, si la langue assyrienne est réellement une langue sémitique, je serais très-porté à faire du signe ⟨cunéiforme⟩ le pronom affixe de la troisième personne.

Dans les inscriptions de Van, le type ⟨cunéiforme⟩ ne se rencontre pas, à moins qu'il ne soit représenté par ⟨cunéiforme⟩, ce qui est possible; les équivalents ⟨cunéiforme⟩ ou ⟨cunéiforme⟩ s'y trouvent. Dans l'écriture assyrienne de Persépolis, le signe ⟨cunéiforme⟩ est usité, et quelquefois, comme je l'ai dit, il est figuré ainsi ⟨cunéiforme⟩, si ce n'est pas une erreur du copiste; on y voit aussi ⟨cunéiforme⟩ et ⟨cunéiforme⟩. Dans l'écriture babylonienne, le caractère ⟨cunéiforme⟩ a un clou horizontal de plus ⟨cunéiforme⟩, comme cela a lieu pour presque tous les signes babyloniens.

30.

⟨cunéiforme⟩ 2.

⟨cunéiforme⟩ 1.

⟨cunéiforme⟩ 1.

J'ai déjà fait remarquer que ce clou horizontal ⟨cunéiforme⟩ est une abréviation du groupe ⟨cunéiforme⟩, que je crois être le pronom de la troisième personne. Je

l'ai vu seulement deux fois à la place de ⌖ ⌖,
mais cela vient probablement de ce que la première
de ces deux formes est beaucoup plus fréquente que
l'autre dans mes inscriptions. Ces deux groupes,
malgré la différence du premier caractère, n'en sont
pas moins. equivalents, et je les ai vus plusieurs
fois substitués l'un à l'autre. Beaucoup d'autres faits
contribuent d'ailleurs à prouver qu'il n'y a aucune
différence de valeur entre les deux dispositions ⌖
et ⌖; ainsi :

⌖ se substitue à ⌖,

comme ⌖ à ⌖

et ⌖ à ⌖

Dans l'écriture assyrienne de Persépolis, le clou
horizontal ▬ remplace, comme dans mes inscriptions, le mot ⌖ ⌖; seulement, il faut remarquer qu'à Persépolis notre signe ⌖ est presque
toujours figuré ainsi ⌖. En comparant, par
exemple, Rich, tab. XVIII, lig. 9, avec Westergaard, tab. XIV, lig. 16, on verra dans le premier

⌖ ⌖ ⌖ ⌖, etc.

et dans le second

▬ ⌖ ⌖, etc.

et l'on ne peut pas dire que les groupes qui diffèrent de part et d'autre appartiennent à des mots
précédents et réellement différents, car ces mots

4.

dans ces endroits, sont très-connus, et représentés chacun par des assemblages de caractères qui se retrouvent ailleurs. Dans le premier cas, c'est le verbe ⟦cunéiforme⟧, et dans le second un verbe également connu, ⟦cunéiforme⟧.

La même équivalence se remarque dans les inscriptions XXᵉ de Rich et XIᵉ de Schulz. A la ligne 15 de la première, on a

⟦cunéiforme⟧, etc.

et à la ligne 17 de la seconde

⟦cunéiforme⟧, etc.

Dans l'un et l'autre cas, également, les deux équivalents sont précédés de mots bien connus, en sorte que l'on est forcé d'admettre qu'ils en sont bien réellement séparés.

Je ne me souviens pas d'avoir vu le clou horizontal ⟦cunéiforme⟧ dans l'écriture assyrienne de Van, mais il a été employé dans celle de Babylone; il semble même qu'il y vient encore comme substitut de ⟦cunéiforme⟧, mais je ne puis l'assurer.

Le signe dont je parle, ⟦cunéiforme⟧, est, selon M. Westergaard, usité dans l'écriture cunéiforme médique comme marque de séparation ou comme signe indicatif de certains mots. Ne serait-il pas possible qu'il y jouât le même rôle que dans mes inscriptions?

31.

⟦cunéiforme⟧ = ⟦cunéiforme⟧ 4. ⟦cunéiforme⟧ 2.

32.

J'ai peu d'observations à faire sur les deux paragraphes ci-dessus; seulement, le changement de forme qu'on remarque entre le type du numéro 32 et la seconde variante se retrouve dans un autre signe, ⊢𝕋⊢, qui souvent est figuré ainsi, ⊢𝓎⊢. Il y a certainement la même dégradation entre

⊢𝕋⊢ et ⊢𝓎⊢

qu'entre ⊢𝕋⊢ et ⊢𝓎⊢

33.

Le signe ⊢𝟙𝟜 n'a qu'une variante, mais elle est certaine. C'est un signe assez commun, surtout en composition, et il est pour nous intéressant parce qu'il fait partie du nom d'Ormuzd, dans les inscriptions trilingues. Il s'y trouve, en effet, à la place où l'on doit s'attendre à trouver la voyelle *ou*, si on lit la première partie de ce nom *aour* ou *hour;* voilà donc déjà un motif assez plausible de donner cette valeur *ou* à notre signe ⟝⟨; mais il faut remarquer, en outre, que, dans le système cunéiforme persan, une des formes de la lettre *m* est très-voisine de celle du caractère dont nous parlons. Il y a peu de différence, en effet, entre ⟝⟨ et ⟝⟨; or il y a une affinité certaine entre les lettres *m, b, v, w, ou,* et elle était telle dans l'écriture cunéiforme médique, que le nom de la Médie était *Wada* au lieu de *Mada.* Une. confusion pareille entre les mêmes lettres a déjà été reconnue par plusieurs personnes dans le système assyrien, et il est donc tout simple d'y trouver, comme signe de la voyelle *ou,* le signe de la lettre *m* dans le système persan. Il y a là, si je ne me trompe, une nouvelle probabilité en faveur de l'attribution du son *ou* à notre caractère ⟝⟨.

Les signes ⟝⟨ et ⟝⟨ sont très-propres à faire voir cependant que, s'il ne faut pas rejeter tout indice tiré de la similitude de forme, il ne faut pas non plus trop s'y fier pour en déduire une similitude de valeur. Ces deux caractères, en effet, sont disposés de la même manière et ne diffèrent que par un seul clou, et cependant jamais ils ne sont substitués l'un à l'autre, du moins dans les inscriptions sur l'exactitude desquelles on peut compter.

Parmi les exemples de substitution que j'ai ajoutés à ce type, le premier, ⟝⟨═⟝⟨, est peut-être dû à une erreur; car, en général, ces deux groupes sont très-distincts et ne se remplacent pas mutuellement. Dans le troisième exemple, ⟨cunéiforme⟩ = ⟨cunéiforme⟩, les deux groupes ne diffèrent évidemment que par la disposition. L'équivalence de ⟨cunéiforme⟩ avec ⟨cunéiforme⟩ est remarquable, parce que ce dernier signe est la lettre initiale du nom d'Hystaspe; la grande différence des caractères ne permet pas de soupçonner une confusion, et les exemples sont assez nombreux pour mériter l'attention. Si, au lieu de regarder le signe ⟨cunéiforme⟩ comme un seul groupe, on cherchait à le décomposer, on y trouverait la voyelle *ou* ⟨cunéiforme⟩ précédée des quatre coins ⟨cunéiforme⟩, que l'on peut regarder comme un signe d'aspiration, et l'on obtiendrait la syllabe *hou*, qui peut très-bien commencer le nom d'Hystaspe. Cette analyse s'accorde assez bien, d'une part, avec l'orthographe de ce nom propre, et de l'autre est une probabilité de plus en faveur de la détermination de ⟨cunéiforme⟩ comme voyelle *ou*, et de ⟨cunéiforme⟩ comme signe d'aspiration.

La substitution de ⟨cunéiforme⟩ à ⟨cunéiforme⟩ peut provenir d'une erreur. Ce groupe ⟨cunéiforme⟩, très-fréquemment figuré ainsi, ⟨cunéiforme⟩, est souvent final dans mes inscriptions.

Deux fois ⟨cunéiforme⟩ paraît à la place de ⟨cunéiforme⟩, que j'ai trouvé à son tour substitué au coin ◄ et même au signe ⟨cunéiforme⟩. Ces équivalents, ayant probablement à la fois la valeur de *m* et *ou* ou *w*, c'est une raison de plus pour donner un son équivalent à notre groupe ⟨cunéiforme⟩. Ce dernier serait alors la voyelle *ou*, plus l'aspiration, et on en concevrait très-bien la substitution à la simple voyelle *ou*.

La substitution de ⟨cunéiforme⟩ à ⟨cunéiforme⟩ est assez commune, comme on le voit. J'ai déjà montré, au numéro 8, que les signes initiaux de ces deux groupes sont respectivement équivalents, et il en résulte alors que ⟨cunéiforme⟩ le sont aussi. Cependant, il ne faut pas se hâter de tirer cette conclusion, car, d'un autre côté, j'ai trouvé une fois ⟨cunéiforme⟩ substitué à ⟨cunéiforme⟩, et, dans ce dernier groupe, nous voyons paraître une *r*. Faut-il voir là une erreur provenant de la grande similitude des signes ⟨cunéiforme⟩ et ⟨cunéiforme⟩, ou faut-il y voir le changement d'une *r* finale en aspiration? Je ne me charge pas de prononcer; mais je crois qu'il vaut mieux attribuer le fait à une erreur.

Le signe ⟨cunéiforme⟩ a été employé dans l'écriture assyrienne de Babylone, de Van et de Persépolis, aussi bien que dans celle de Ninive.

.34.

⟨cunéiforme⟩ = ⟨cunéiforme⟩ * ⟨cunéiforme⟩ 2. ⟨cunéiforme⟩ 1. ⟨cunéiforme⟩ 1.

⟨cunéiforme⟩ = ⟨cunéiforme⟩ 2. ⟨cunéiforme⟩ 1.

⟨cunéiforme⟩ = ⟨cunéiforme⟩ 1. ⟨cunéiforme⟩ 1.

𒀭 = 𒀭 * 𒀭 ı. 𒀭 ı.

𒀭 = 𒀭 ı. 𒀭 ı. 𒀭 ı. 𒀭 ı.

J'ai réuni ensemble toutes les différentes formes
de l'*r* pour montrer comment les équivalents se con-
firment les uns par les autres. La plupart de ces
substitutions, d'ailleurs, se remarquent aussi dans les
inscriptions trilingues, et il ne peut guère rester de
doutes sur la similitude de valeur de tous ces signes, si on en excepte 𒀭, dont la substitution
a pu avoir lieu par erreur. Je dois répéter, en outre,
que je n'ai noté que les exemples pris dans les
inscriptions dont le contenu est exactement semblable; je n'en ai pas moins la certitude que des
exemples pareils se rencontrent à chaque instant
dans les autres inscriptions, car je les ai copiées trop
souvent pour ne pas reconnaître dans les textes non
comparables les mots que j'ai vus dans ceux que je
pouvais comparer mot pour mot. Par exemple, je
n'ai marqué qu'un seul cas de la substitution de
𒀭 à 𒀭 et à 𒀭; j'en ai cependant vu beaucoup d'autres, et un, entre autres, dans un nom
de pays très-remarquable :

𒀭 𒀭 𒀭 𒀭 𒀭 𒀭

A la place de ce nom, on trouve tantôt

𒀭 𒀭 𒀭 𒀭 𒀭 𒀭

et tantôt 𒀭 𒀭 𒀭 𒀭 𒀭 𒀭 𒀭

— 58 —

La substitution de ⟨𒌍⟩ à ⟨𒀭⟩ et ⟨𒀭⟩ se-
rait très-remarquable si l'on pouvait s'y fier, car ces
deux derniers signes sont employés indifféremment
à la place de ⟨𒀭⟩; comme celui-ci, ils précèdent
les noms de villes ou de pays, et si ces signes indi-
catifs étaient des *r* on pourrait y voir une abréviation du mot sémitique עִר, ville. Malheureusement,
c'est une seule inscription, qui, comparée à deux
autres, m'a donné à la même place le signe ⟨𒌍⟩;
ce n'est par conséquent, en réalité, qu'un seul
exemple du fait, et il est très-permis d'en douter.

Je vais maintenant donner des exemples de la
substitution des signes précédents.

(lignes cunéiformes)

[cuneiform signs] 1.

[cuneiform signs] 2.

[cuneiform signs] 1.

[cuneiform signs] 1.

[cuneiform signs] 1.

[cuneiform signs] 1.

Je dois faire remarquer que la substitution de
[cuneiform] à [cuneiform] n'a lieu que dans le nom
de ville dont j'ai parlé en commençant ce travail;
il ne faut pas en conclure qu'il y ait équivalence de
son, puisque les deux parties de ce nom peuvent
être des mots et non pas des lettres ou des syllabes.

35.

[cuneiform signs] * [cuneiform] 1. [cuneiform] 1. [cuneiform] 1.
[cuneiform] 1.

[cuneiform signs] = [cuneiform signs] 1,

[cuneiform signs] = [cuneiform signs] 1.

[cuneiform signs] = [cuneiform signs]
[cuneiform] 1.

[cuneiform signs] = [cuneiform signs] 1.

Ce type fournit un exemple propre à montrer avec quelle réserve on doit se prononcer sur l'identité ou la différence des diverses espèces d'écritures assyriennes. On ne peut jamais savoir si un caractère qu'on n'a pas encore rencontré dans une localité ne se montrera pas dans d'autres inscriptions tirées du même endroit. Ce n'est, en effet, qu'à la fin de mes recherches à Khorsabad, que j'ai trouvé, dans plusieurs inscriptions, le signe constamment remplacé par , groupe considéré comme caractéristique de l'écriture babylonienne. Les exemples de substitution en sont si nombreux, qu'il n'est pas possible de douter de l'identité de valeur, et pourtant, pendant longtemps, j'aurais pu assurer que le signe babylonien n'avait pas été employé dans l'écriture de Ninive. C'est, au reste, quand il est isolé, qu'il remplace et jamais lorsque ce dernier signe entre en composition avec , comme dans . Dans ce cas, les variantes de sont différentes, ce sont et , comme on le voit par les exemples. Il me semble cependant qu'il y a deux cas de composition dans lesquels on peut apercevoir une sorte de passage entre et ; dans le second et le troisième, en effet,

on voit une certaine analogie entre ⌐𝍆⌐, substitut de ⌐⌐𝍏⌐, et ⌐𝍏⌐, qui entre dans la
composition de ⌐𝍏⌐𝍐 et de ⌐𝍏⌐𝍑.
Les exemples de substitution de 𝍒⌐𝍓 à
𝍒⌐𝍔 sont très-nombreux. Ce sont les signes qui,
selon moi, représentent, dans l'écriture de Ninive,
le caractère 𝍒⌐, qu'on voit souvent dans les
inscriptions trilingues et, en particulier, dans le nom
de Xerxès. Je crois pouvoir démontrer cette identité
par des équivalents remarquables.

Le signe ⌐⌐𝍕 lui-même se rencontre dans les
inscriptions de Persépolis et de Van, mais il manque
dans l'écriture babylonienne, où il est probablement
toujours remplacé par ⌐𝍆⌐.

Il n'est pas inutile de remarquer que, quoique
les signes 𝍒⌐𝍔 et 𝍒⌐𝍓 se substituent fréquemment l'un à l'autre, on n'est cependant pas en
droit d'en conclure que ⌐⌐𝍕 soit l'équivalent de
⌐⌐𝍓. Ce dernier, en effet, n'est jamais isolé et
ne paraît que joint à 𝍒; il semble qu'il n'ait pas
de valeur par lui-même, ce qui n'est pas le cas pour
⌐⌐𝍕, que l'on rencontre fréquemment isolé.

Tout le monde fait du signe ⌐⌐𝍕 une des formes
de la voyelle a, et l'on se fonde sur ce qu'il a cette
valeur dans le système cunéiforme médique. Je
ne crois pas cette raison valable, car il est évident
pour moi que le déchiffrement de cette écriture
n'est pas arrivé à un degré de sûreté assez grand
pour pouvoir servir de terme positif de comparaison.

Pour en être convaincu, il suffit de considérer à quelle langue étrange conduisent les valeurs résultant de ce déchiffrement. En outre, nous ne savons pas si les mêmes signes n'ont pas, dans les diverses espèces d'écriture cunéiforme, des valeurs différentes. Quoi qu'il en soit, si l'on retranche la preuve tirée de l'écriture médique, il n'en reste absolument aucune pour nous engager à donner à ►►┳ la valeur d'une voyelle; on ne peut, en effet, s'appuyer sur sa présence dans le nom d'Achéménide, puisque c'est précisément sur cette valeur déterminée *a priori*, que l'on se base pour lire ce nom comme on le fait. Cette lecture est donc purement arbitraire et rien n'en prouve l'exactitude. A la fin de ce travail, après avoir passé en revue tous les caractères, je donnerai mes propres idées et ferai voir qu'on peut très-bien lire le nom d'Achéménide, en considérant le signe ►►┳ comme la lettre *n*, et ⊨┳┳ comme une voyelle, ainsi que je l'ai proposé. Ce changement rendrait possible la lecture du mot *ciel* dans les incriptions trilingues; ou du moins, il me semble que l'on pourrait le ramener, d'une manière plausible, à deux mots chaldéens, qui seraient la traduction de l'*Ahûm Vahistêm* zend.

36

Je ne répéterai pas ce que j'ai dit au sujet de ce
type, en parlant de ⟨signe⟩ et de ⟨signe⟩; il ne peut y
avoir de doute sur l'équivalence de ces signes, puisqu'on en rencontre des exemples même dans les
inscriptions de Van. L'inscription XLII de Schulz
nous montre, en effet, dans le même nom propre
⟨signes cunéiformes⟩ lig. 2, le signe
⟨signe⟩ remplacé ligne, 13, par ⟨signe⟩.

37.

⟨tableau de signes cunéiformes⟩

Au commencement de ce travail, j'ai eu occasion
de parler de ce type ⟨signe⟩ et de ses très-fréquents
équivalents ⟨signe⟩ et ⟨signe⟩; j'ai dit que ces signes se
trouvaient en tête de tous les noms gravés sur les
villes dont la prise est représentée dans les bas-reliefs
de Khorsabad; j'ai aussi montré l'analogie de forme

et d'emploi entre l'équivalent ⟨signe⟩ et le signe ⟨signe⟩
qui, à Nakchi Roustam, précède les noms de pays.
Il ne peut, je crois, y avoir aucun doute sur l'identité de tous ces caractères.

Parmi les exemples ajoutés, il en est un, le troisième, dont je viens encore de vérifier l'exactitude
sur les empreintes et qui mérite l'attention; le signe
⟨signe⟩ y paraît comme l'équivalent d'un groupe très-
compliqué ⟨signe⟩; celui-ci n'est pas sans quelques
rapports avec le monogramme représentant le mot
roi, ⟨signe⟩, que cependant il ne remplace jamais;
mais ces rapports n'en entraînent pas moins une
certaine analogie entre les équivalents respectifs de
ces deux caractères; ainsi on trouve,

$$⟨signe⟩ = ⟨signe⟩ = ⟨signe⟩$$

et

$$⟨signe⟩ = ⟨signe⟩ = ⟨signe⟩.$$

Le type ⟨signe⟩ n'existe pas dans les inscriptions
trilingues, et son équivalent ⟨signe⟩ y prend la forme
de ⟨signe⟩. Dans l'écriture assyrienne de Van, on rencontre ⟨signe⟩ et ⟨signe⟩; dans les inscriptions babyloniennes on ne trouve, que le signe ⟨signe⟩. Cependant,
il me semble qu'il y a, dans la pierre de Michaud,
un exemple de la substitution du signe ⟨signe⟩ à
⟨signe⟩; cela conduirait à voir dans le caractère babylonien ⟨signe⟩ une forme diverse du ninivite ⟨signe⟩.

— 65 —

Il serait bien important de pouvoir fixer la valeur des signes ►⸱⸱⸱, ►⸱⸱ et ⸱⸱, mais j'avoue n'avoir pu, avec les moyens que je possède, arriver à un résultat satisfaisant. La première idée qui se présente en voyant ces signes précéder sur les bas-reliefs les noms de villes, est d'en faire un pronom démonstratif signifiant *ceci est;* mais il me paraît impossible de faire concorder cette supposition avec la présence de ces mêmes caractères au commencement de ces mêmes noms reproduits dans les listes que contiennent les inscriptions elles-mêmes. La figure des objets dont on parle n'étant plus présente, on ne peut supposer que dans ces listes les caractères ►⸱⸱ et ⸱⸱ aient le sens d'un pronom démonstratif. Il faut nécessairement alors y chercher ou un mot ou une abréviation servant de déterminatif.

On doit d'ailleurs observer que, quoique le signe ►⸱⸱ soit constamment placé au commencement des noms inscrits sur les villes, on ne peut dire, cependant, qu'il n'ait pas été employé autrement que comme déterminatif. Au contraire, non-seulement il paraît avoir eu une valeur phonétique et avoir été employé comme lettre, mais encore, j'ai de fortes raisons de croire qu'il précède aussi des noms propres d'hommes, ou du moins des groupes de caractères précédés du clou perpendiculaire ⸱. Je puis citer, pour exemple, le nom suivant : ⸱ ⸱⸱

𝕀𝕀 ⤙ ⤙ ⤙⋘ cet assemblage de caractères est, comme on le voit, précédé du trait perpendiculaire et suivi du monogramme représentant le mot *roi*. Or, j'ai vu, dans une autre inscription, ce même nom précédé du signe ⤙⋯𝕀 ; il faut donc que ce dernier signe puisse tout à la fois indiquer les noms propres d'hommes ou de contrées, ou bien qu'un nom de roi ait pu être en même temps un nom de ville.

Ce n'est pas ici le moment de discuter ce qui a rapport à ce nom propre, qu'on peut si facilement représenter par les lettres *Kh*, *n*, *n*, et qu'on peut, par conséquent, ramener à un nom sémitique, *Hannon*, par exemple, ou *Canaan*. Plus tard, je reviendrai sur ce sujet, après avoir passé en revue tous les caractères et préparé ainsi les bases d'une discussion approfondie.

Comme dernière observation, je dois dire qu'une de mes inscriptions paraît contenir une liste dans laquelle le signe ⤙⋯𝕀 est constamment suivi de ⧗𝕏𝕀, qui, dans l'écriture ninivite, est le remplaçant du *d* ⧗◁𝕀, usité à Persépolis. On y trouve, par exemple :

⤙⋯𝕀 ⧗𝕏𝕀 𝕀𝕀𝕀 ⤙⊢⤙ ⤙⋯𝕀 ⧗𝕏𝕀 𝕀

⤙⋯ ◁⤙𝕀 ⧗𝕀 ⤙⋯ ⤙𝕀𝕀 ⧗𝕏𝕀, etc.

38

$$\text{𒑱} = \text{𒑱}\,2.$$

Le signe 𒑱 est extrêmement rare dans les inscriptions. Le caractère 𒑱, que j'ai rencontré
deux fois à sa place, est, au contraire, assez commun. C'est la seule observation que j'aie eu lieu de
faire.

39.

$$\text{𒑱} = \text{𒑱}\,2.$$

$$\text{𒑱} = \text{𒑱}\,2.$$

$$\text{𒑱} = \text{𒑱}\,1.$$

$$\text{𒑱} = \text{𒑱}\,1.$$

Le type 𒑱 m'a paru deux fois substitué à 𒑱,
qui est lui-même un équivalent fréquent de 𒑱.
Dans l'inscription XIV de M. Westergaard, à la
ligne 16, nous avons même un exemple direct de
la substitution de 𒑱 à 𒑱 au commencement
du verbe si commun 𒑱. Or
les caractères 𒑱 et 𒑱 sont certainement des
voyelles simples ou aspirées, comme je le montrerai; il est donc impossible de faire la lettre n de
leur équivalent 𒑱, comme le voudrait M. de
Lowenstern, pour obtenir le mot *nacar*, qui, suivant
lui, signifie *terre*. Pour y parvenir, il est obligé

d'assimiler le signe ⟨𒑲⟩ à ⟨𒑲⟩, dont on fait l'*n*
du mot Achéménide; mais jamais ces deux caractères ne se substituent l'un à l'autre, et il n'y a ni
dans les inscriptions trilingues, ni dans les miennes,
aucune preuve de leur équivalence. En conséquence, quand même la valeur de *n* pour ⟨𒑲⟩
serait certaine, on n'est nullement en droit d'en
déduire la même valeur pour ⟨𒑲⟩, surtout quand
on obtient pour résultat un mot comme *nacar*. Il
est possible, je crois, de proposer des valeurs plus
satisfaisantes pour les trois lettres qui, dans certains
cas, forment le mot terre. Dans les inscriptions
achéméniennes, le signe ⟨𒑲⟩, comme tout porte à le
croire, est le *h* des Hébreux; son substitut ⟨𒑲⟩
doit donc avoir une valeur semblable, et il doit en
être de même du signe ⟨𒑲⟩, qui remplace ⟨𒑲⟩.
Ces caractères peuvent donc représenter l'article;
en en faisant abstraction, il nous reste, pour le
mot terre, deux lettres, ⟨𒑲⟩ et ⟨𒑲⟩, dont la dernière
est certainement un *r* et la première inconnue. En
supposant à celle-ci la valeur *b*, on obtient le mot
bar, qui répond assez bien aux conditions de sens
et de forme. Je ne tiens pas, au reste, à cette hypothèse; contre laquelle il est fort aisé d'élever beaucoup d'objections.

L'exemple de la substitution de ⟨𒑲⟩ à ⟨𒑲⟩,
que nous donne l'inscription de M. Westergaard, a
paru douteux à ce savant; mais il ne l'est pas pour
moi; car j'en trouve la confirmation dans mes propres inscriptions, et précisément dans le même

mot. Les exemples que j'ai ajoutés montrent, en effet, le signe ⯈⯇ remplaçant ⯈⯇ dans des abréviations du verbe ⯈⯇ ⯇ ⯈⯇ ⯈, qui est tout aussi commun dans les inscriptions de Ninive que dans celles de Persepolis. J'appelle l'attention du lecteur sur cette coïncidence, parce qu'elle concourt à prouver que, non-seulement l'écriture, mais même la langue des inscriptions ninivites sont identiques à celles des inscriptions trilingues. De plus, je vois dans ce fait la preuve que l'inclinaison des clous horizontaux ne change rien à la valeur des signes. En nous démontrant que les signes ⯈⯇ et ⯈ sont identiques, cet exemple s'ajoute à d'autres pour montrer qu'il en est de même de ⯈⯇ et de ⯈, de ⯈⯇ et de ⯈.

40.

⯈⯇

J'ai déjà parlé des équivalents de ce signe à propos des caractères ⯈ et ⯈.

41.

⯈⯇ = ⯈ 1. ⯈⯇ 1.

⯈ ⯇ ⯈ = ⯇ ⯈ *

⯇ ⯈ = ⯈ ⯈ *

⯇ ⯈⯇ = ⯈ ⯈ 3.

$$⊏ ⊨𝍣 ⳡ = ⊢⟨⟨ ⟩⟩⟩ \; 1.$$

$$⟨⟨⟨ ⳡ = ⟨⟩⟩⟩ ⳡ \; 2.$$

$$⫫ ⟨⟨⟨ ⳡ = ⊨𝍣 \; 2.$$

On voit que le signe ⳡ, quand il est isolé, n'a que de rares équivalents, dont l'un ⳡ n'est peut-être dû qu'à une faute, puisqu'il n'y en a qu'un exemple et que les deux formes sont très-voisines. Le premier ⊨𝍣 est certain ; mais on aurait tort d'en conclure immédiatement que les deux signes ⳡ et ⊨𝍣 aient la même valeur ; car celui-ci n'est peut-être qu'une abréviation d'un autre groupe, peut-être même d'un mot. Les exemples ajoutés montrent, en effet, que le groupe compliqué ⟨⊨𝍣⟩, dans la composition duquel entre le signe ⊨𝍣, est lui-même très-souvent remplacé par trois caractères ◁𝍣— ⟨⟨⟨ ⳡ, dont le dernier se rapproche beaucoup du type ⳡ dont nous parlons. Il est fort possible que les mots ⟨⊨𝍣⟩ et ◁𝍣— ⟨⟨⟨ ⳡ soient en réalité différents, quoique de sens rapproché, et qu'ils soient respectivement remplacés, dans quelques cas, par un des signes qui les forment : l'un par ⊨𝍣, et l'autre par ⳡ. Les abréviations respectives de ces deux mots à sens équivalents pourraient les remplacer, sans que, pour cette raison, on fût en droit de conclure que les signes représentatifs de ces abréviations eussent des valeurs phonétiques semblables.

Je ne crois pas qu'il puisse y avoir de doute sur

l'équivalence des deux signes ⸺ et ⸺ ; cependant, on voit que, joints à ⸺, ils ont chacun une variante différente : ⸺ pour le premier, et ⸺ pour le second Ce dernier groupe a beaucoup de rapports avec le monogramme royal ⸺ qui souvent, comme on l'a vu, est figuré ainsi : ⸺ ; il en diffère cependant, parce que, dans celui-ci, le clou horizontal supérieur du signe ⸺ est remplacé, dans le monogramme, par trois têtes de clous ⸺. On serait peut-être en droit d'en conclure que, dans cette abréviation du mot *roi*, les trois têtes horizontales forment la portion du groupe qui représente la lettre *r*, qu'on voit à la fin du mot complet ⸺. Dans ce cas, si la lecture que j'ai proposée pour ce mot était certaine, on pourrait en déduire la valeur *ou* pour le signe ⸺, puisque les clous horizontaux ⸺ représentent certainement les six petits coins ⸺. Cet indice tendrait encore à confirmer au signe ⸺ la valeur d'une voyelle, puisqu'un caractère de forme très-rapprochée ⸺ en serait une également. Mais je n'ose rien affirmer ; car j'ai très-peu de confiance dans une méthode de déchiffrement basée sur la décomposition des signes. On ne doit pas, sans doute, négliger ces indications ; mais il ne faut pas s'y fier. Dans le cas présent même, on doit se rappeler que j'ai trouvé ⸺

substitué, non-seulement à [cuneiform], mais encore au monogramme [cuneiform] lui-même, et, s'il n'y a pas eu erreur, cela prouverait qu'il n'y a pas de différence réelle entre [cuneiform] et [cuneiform].

J'ai vu quelque fois le signe [cuneiform] supprimé entre deux *r*, exemple :

$$\text{[cuneiform]} \quad \text{[cuneiform]} = \text{[cuneiform]} \quad \text{[cuneiform]} \quad \text{[cuneiform]}.$$

Ce caractère ne se rencontre pas dans l'écriture assyrienne de Van; dans celle de Babylone, il a été usité; à Persépolis, on trouve deux signes qui lui ressemblent [cuneiform] et [cuneiform]. Le premier me paraît identique au signe de Khorsabad, mais je n'oserais assurer qu'il en fût de même du second.

42.

$$\text{[cuneiform]} = \text{[cuneiform]} \; 2. \; \text{[cuneiform]} \; 2. \; \text{[cuneiform]} \; 1. \; \text{[cuneiform]} \; 2.$$

$$\text{[cuneiform]} \; \text{[cuneiform]} = \text{[cuneiform]} \; \text{[cuneiform]} \; 1.$$

$$\text{[cuneiform]} \; \text{[cuneiform]} = \text{[cuneiform]} \; *$$

$$\text{[cuneiform]} \; \text{[cuneiform]} = \text{[cuneiform]} \; 1.$$

Tout le monde connaît le caractère [cuneiform], qui, dans l'écriture cunéiforme persane est un *b*. Dans les inscriptions de Darius, à la fin du nom d'Hystaspe, on trouve la première variante [cuneiform], et cette raison engage à conserver à [cuneiform], dans l'écriture assy-

rienne, la valeur qu'il a dans le premier système.
Je n'ose contredire cette opinion, mais je conserve
et conserverai des doutes à cet égard, jusqu'à ce
que d'autres noms propres viennent confirmer cette
détermination.

Deux fois, comme on le voit, j'ai trouvé ⊨⫯
remplacé par ⊨⊏, mais ce n'est pas, selon moi,
une preuve d'identité. Ces deux signes ont une
forme si rapprochée, qu'on a pu facilement les confondre; je le crois, d'autant plus que, ces caractères
étant très-communs, deux exemples de substitution
ne sont presque rien, en comparaison du nombre
de cas ou ils ont été employés.

Une équivalence plus singulière est celle du signe
⊨⫯⫯; on ne peut l'attribuer à une erreur, les deux
signes étant très-différents; mais le caractère ⊨⫯⫯
a, dans le système médique, la valeur de *ch*, et, comme
dans les inscriptions trilingues il se rencontre à
la fin du nom d'Achéménide, on est tenté de lui
attribuer la même valeur dans le système assyrien.
Mais comment accorder alors cette valeur avec celle
du *b* déduite, pour le signe ⊨⫯, de sa présence à la
fin du nom d'Hystaspe? C'est ce que je ne me charge
pas d'expliquer.

Le caractère ⊨⫯⫯⫯ est certainement composé de
deux signes, ⊨⫯ et ⫯⫯⫯, car on le trouve fréquemment scindé en deux portions.

Je n'ai rencontré que deux fois ⫯⫯ substitué à ⊨⫯;
ce n'est pas une raison suffisante pour regarder ce

dernier signe comme équivalent de ⸲, car la ressemblance a pu causer une erreur; par conséquent,
lors même qu'on ferait un *b* ou un *p* du signe ⸲,
on ne pourrait attribuer la même valeur au signe
⸲, qui commence le nom de pays de ⸲ ⸲ ⸲,
dans lequel M. de Löwenstern voit le nom de la
Perse.

43.

Je n'ai presque rien à dire sur ce caractère, qui

se voit dans les écritures assyriennes de toutes les localités. C'est seulement en combinaison avec 𒀭 qu'il m'a paru comme équivalant de ◀⊢— ; il n'y a donc rien à conclure de ce fait, puisque ce sont peut-être des mots différents.

Le signe ⊨ isolé est rare, et c'est surtout en combinaison avec ◀ ou 𒌋 qu'il est le plus fréquent. Il produit alors le groupe ◀⊨ que l'on remarque dans plusieurs noms tirés des inscriptions de Van.

44.

$$\text{⊨𒁹} = \text{⊏𒌋𒁹} * \text{⊏𒌋𒁹}^{1}. \text{𒁹}^{1}. \text{⊨} * \text{⊏}^{3}.$$
$$\text{⊏𒁹}^{1}. \text{⊢◀◀◀}^{1}. \text{⊏𒐏}^{1}.$$
$$\text{⊨𒁹 ⊢—} = \text{◁▸𒌋}^{1}.$$
$$\text{⊨𒁹 ◀⊢— ◀𒁹 𒁹} = \text{⊨𒁹 ⊏ ◀◀⊢— 𒁹}^{1}.$$
$$\text{⊨𒁹 ◀◀⊢—} = \text{⊏𒌋}^{1}.$$
$$\text{⊨𒁹 ◀◀⊢—} = \text{⊏ ⊏𒌋}^{1}.$$
$$\text{⊨𒁹 ◀◀⊢—} = \text{⊏ ▸𒐏}^{1}.$$

J'ignore par quelles raisons on a proposé la valeur de r pour le signe 𒌋𒁹 ; car je n'ai jamais vu ce signe ni sa variété, ⊨𒁹, remplacer aucune des formes de l'r; pour moi, je suis conduit à lui donner une valeur toute différente. 𒌋𒁹, en effet, remplace 𒁹𒁹 et ⊨ signes qui doivent être des

voyelles ou des aspirations à peu près semblables,
puisqu'elles se substituent l'une à l'autre dans le
même mot 𒀸 𒀸; j'ai donc quelque raison d'a-
vancer que le signe 𒀸, est lui-même une voyelle
ou une aspiration, et la très-fréquente suppression
de ce caractère, soit dans mes inscriptions, soit dans
celles de Van, me confirme dans cette opinion. On
peut même, par une suite d'inductions assez plausi-
bles, arriver à lui donner la valeur d'un *i* ou d'un *y;*
je viens de dire en effet que 𒀸, se substitue fréquemment à 𒀸; il y en a des exemples nombreux même dans les inscriptions trilingues; or, dans
une des inscriptions des fenêtres à Persépolis, ce dernier signe se trouve ajouté à celui qui ordinairement
se trouve seul pour représenter l'*i* du nom de Darius.
On y voit

𒀸 𒀸 𒀸

au lieu de

𒀸 𒀸

Il est difficile de ne pas croire que, dans ce cas,
𒀸 représente l'*i* bref, et 𒀸 l'*i* long ou *y :* en
conséquence, le signe 𒀸 doit aussi avoir la valeur d'un *i*, puisqu'il remplace si fréquemment à
Persépolis le signe 𒀸. Je dois faire remarquer que,
selon moi, les caractères ninivites 𒀸 et 𒀸,
ont les mêmes valeurs que les caractères persépolitains 𒀸 et 𒀸; il n'y a qu'une légère différence
de forme et, comme de part et d'autre ils équivalent
aux mêmes signes, je ne crois pas qu'on puisse con-

tester leur équivalence mutuelle. Telles sont les raisons qui me portent à attribuer au signe ⟦cuneiform⟧ la valeur d'une voyelle simple ou aspirée.

Puisque je suis conduit à parler du nom de Darius, je ferai remarquer une erreur que l'on a commise au sujet des variétés qu'il peut présenter. On a dit à tort que les signes ⟦cuneiform⟧ sont équivalents à ⟦cuneiform⟧ ⟦cuneiform⟧; cette substitution n'est due.qu'à une faute de copie. Dans sa VIII⁰ inscription, Schulz a, par inadvertance, introduit dans le nom de Darius les deux signes ⟦cuneiform⟧ de la ligne suivante, qui font partie de ce qui représente le mot père. Depuis longtemps je connaissais cette faute, parce qu'en 1843, étonné de ce fait, j'avais collationné l'inscription de Schulz avec une copie de la même inscription prise par M. Dittel, compagnon de voyage de M. Westergaard, et que, dans cette copie, le nom de Darius avait sa forme ordinaire. S'il restait des doutes à cet égard, je ferais remarquer que la XXII⁰ inscription de Rich est la même que la VIII⁰ de Schulz, et la copie de Rich donne le nom de Darius écrit comme partout.

Je fais cette remarque, parce que je sais que l'on a déjà basé dés interprétations sur cette erreur. Il est évident, cependant, que l'on ne peut appeler variantes ou homophones, les différences qui se présentent dans les copies de la même inscription prises par diverses personnes ; le même signe n'a pu être écrit que d'une seule manière dans une seule inscription, et les différences sont des erreurs. La comparaison entre ces diverses copies ne doit servir qu'à trouver la vraie forme d'un signe dans un cas donné; mais, une fois cette forme démontrée par une bonne copie, on ne doit pas enregistrer les autres comme des homophones; c'est ce que j'ai cherché à éviter, et, avant de prononcer que j'avais trouvé un équivalent, j'ai eu soin de m'assurer que je ne comparais pas deux copies d'un seul et même objet. Pour moi, je me suis basé sur les inscriptions de Rich, Westergaard et Niebuhr, et je n'ai pas tenu compte des différences que peuvent offrir les mauvaises copies rapportées par des personnes dont les inutiles travaux n'ont rien ajouté à ce que leurs devanciers avaient su faire mieux qu'elles.

C'est au commencement d'un même verbe, 𒀭 𒀭 𒀭, qu'on remarque. à Persépolis la substitution mutuelle de 𒀭 et de 𒀭 (ou bien 𒀭); or je prie le lecteur de se rappeler que M. Westergaard, dans sa planche XIV, lig. 16 et 19, nous montre ce même verbe commençant tantôt par 𒀭, tantôt par 𒀭. Nous avons donc dans le même mot un exemple de l'échange des signes 𒀭, 𒀭, 𒀭 et 𒀭, et il ne faut pas oublier que les deux premiers s'échangent avec 𒀭, et le dernier avec 𒀭. Il y a donc quelques raisons de donner une valeur à peu près semblable à tous ces caractères dont l'un 𒀭, est indubitablement une voyelle ou une aspiration. Si je ne me trompe, ces rapprochements semblent indiquer une sorte de système dans la formation de certains caractères, et nous

montrent peut-être une différence entre les voyelles
simples ou brèves d'une part, et longues ou aspirées
de l'autre. J'invoque l'indulgence des lecteurs sur ce
que je vais dire; mais, dans un sujet si obscur, il
peut m'être permis de présenter modestement mes
conjectures.

Le signe 𒀀 est. de l'aveu de tout le monde, une
voyelle ou une aspiration; or cent exemples prouvent
que les formes 𒀀 et 𒀀 sont absolument équivalentes, soit isolées, soit en composition. On verra,
par exemple, les mots 𒀀 𒀀 𒀀 𒀀 et 𒀀 𒀀
𒀀 𒀀 écrits 𒀀 𒀀 𒀀 𒀀 𒀀 et 𒀀 𒀀 𒀀 𒀀
on trouvera également les signes 𒀀 et 𒀀
figurés ainsi 𒀀 et 𒀀. Cette forme 𒀀 est
même la plus commune dans les inscriptions babyloniennes, et particulièrement sur la pierre de Michaud. Or la forme 𒀀 est composée d'un clou perpendiculaire 𒀀 plus de l'élément 𒀀, qui équivaut à 𒀀.

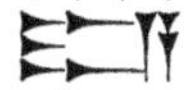

Maintenant qu'est-ce que le signe 𒀀 ou 𒀀,
si ce n'est 𒀀, plus ce même élément �, � ou �?
Or nous avons vu dans un même mot ces deux caractères 𒀀 et � substitués l'un à l'autre; leur
valeur doit donc être à peu près semblable. N'est-il
pas permis de supposer qu'ils ne diffèrent que par
l'aspiration, le *hamza* en quelque sorte, qui serait
représenté par l'élément � — � — �? :

Il en serait de même du caractère 𒀀, qui remplace si fréquemment 𒀀 dans le mot 𒀀 � dont
j'ai parlé; c'est certainement une voyelle, comme

cela est prouvé, non-seulement par sa substitution
à ⟨sign⟩, mais encore par sa présence après l'*r* dans le
nom de Darius; dans certains cas, cette voyelle ⟨sign⟩
subirait l'adjonction de l'aspiration et deviendrait
⟨sign⟩. Je sais que dans ce cas l'élément ⟨sign⟩, signe
de l'aspiration, ne serait plus seul, et qu'il y aurait
un clou perpendiculaire de plus ⟨sign⟩; mais ⟨sign⟩
est peut-être une diphthongue aspirée, et si ⟨sign⟩
représente *i*, ⟨sign⟩ représente peut être *iah*.

On va voir que j'ai rencontré une fois un autre
caractère ⟨sign⟩ substitué à ⟨sign⟩; quoique la règle
ne s'applique pas exactement à ce cas, il est permis
cependant d'y voir une certaine analogie; elle serait
complète si le signe ⟨sign⟩ avait trois clous perpen-
diculaires au lieu de deux; ⟨sign⟩ serait alors la voyelle
simple, et ⟨sign⟩ la voyelle aspirée.

On fait du signe ⟨sign⟩ la lettre *n*, mais j'ai déjà
fait remarquer à quelle difficulté donnait lieu cette
détermination. D'une part, ⟨sign⟩ se substitue très-
fréquemment à ⟨sign⟩, dont on fait le *ch* de Xerxès;
de l'autre il s'échange également avec ⟨sign⟩, première lettre du nom d'Hystaspe. Si on donnait à
⟨sign⟩ la valeur de *n*, on ne pourrait expliquer ces
substitutions que par des erreurs trop nombreuses.
Tout s'explique au contraire aisément si l'on regarde
le signe ⟨sign⟩, non comme la consonne *n*, mais
comme une voyelle simple, et le signe ⟨sign⟩, non
plus comme un *ch*, mais comme une voyelle aspirée. La substitution de ces deux signes devient alors

facile à concevoir sans l'attribuer à des erreurs trop nombreuses pour être supposables.

Dans ce système, pour avoir la voyelle ⸻ aspirée, il faudrait lui adjoindre l'élément 𒁹 ou 𒀹, et c'est ce que donnerait précisément la première lettre du nom d'Hystaspe ⸻. Je sais qu'on veut faire de ce dernier signe un *ch;* mais pour cela il faut nécessairement supprimer l'aspiration radicale qui commence ce nom, et cependant on sait combien ce genre d'articulation est tenace. Pour moi, je crois préférable de la conserver et de voir dans ⸻ la voyelle ⸻ aspirée. *Hittaspa,* par exemple, représente certainement mieux le nom d'Hystaspe que *Chtaspa.* Je proposerais donc de voir dans les signes ⸻ et ⸻, qui se substituent l'un à l'autre, les signes d'une voyelle simple, dans le premier cas, aspirée dans le second.

Le caractère 𒀹⸻ n'aurait donc plus pour moi la valeur de *ch,* mais ce serait l'aspiration d'un signe 𒁹⸻, qui effectivement le remplace assez souvent. Cela changerait nécessairement les lectures proposées pour le nom de Xerxès, mais je crois possible de déchiffrer ce nom d'une manière tout aussi plausible en donnant à 𒀹⸻ la valeur d'une voyelle ou d'une aspiration, qu'en en faisant la lettre *ch.* Ce signe 𒀹⸻, en effet, se trouve trois fois dans ce nom, et il est radicalement impossible d'y mettre trois chuintantes; aussi, les personnes qui ont adopté cette lecture, sont-elles obligées d'en supprimer une en la confondant avec l'*r* suivante. Il n'est pas moins impossible de faire commencer par une chuintante le nom d'Artaxerce, et cependant nous voyons en tête de ce nom les lettres ◁▷— ▷▷◁▷. Enfin, la suppression fréquente du signe ◁▷— tend encore plus à confirmer mon opinion.

Je pourrais étendre cette analyse à d'autres caractères et montrer que beaucoup ont deux formes interchangeables et différant par la présence ou l'absence de cet élément ◁▷, que je suis porté à regarder comme un signe d'aspiration, mais je suis loin d'en conclure qu'il faille voir des voyelles aspirées dans tous les caractères qui le contiennent. On remarque, en effet, la présence de cet élément dans des signes dont la valeur comme consonne est fixée d'une manière indubitable, tels que l'*r* ▷▷◁▷ et le *d* ▷◁▷. Quant au premier, on sait que dans certaines langues, comme en zend, l'aspiration est inhérente à la lettre *r;* par conséquent il ne serait pas étonnant de la voir indiquée dans un caractère cunéiforme ayant cette valeur. Quant au *d* ▷◁▷, j'aurai occasion de montrer que la forme qu'il affecte dans les inscriptions trilingues n'est qu'une corruption d'une forme plus compliquée ▷▷◁ ; qui est la plus commune à Khorsabad. J'ai, en effet, dans mes inscriptions tous les passages d'une forme à l'autre.

▷▷◁, ▷▷◁, ▷▷◁, ▷▷◁, ▷▷◁, ▷◁▷.

Si mon idée est juste, nous aurions une suite de voyelles avec leurs aspirées correspondantes.

Simples.   Aspirées.

Il serait même possible de montrer que les signes
⟨cunéiforme⟩ et ⟨cunéiforme⟩, substitués si fréquemment à ⟨cunéiforme⟩
et à ⟨cunéiforme⟩, n'échappent pas à cette espèce de règle.
Le signe ⟨cunéiforme⟩ est en effet certainement composé
de ⟨cunéiforme⟩ et de ⟨cunéiforme⟩ ou ⟨cunéiforme⟩, car on le trouve souvent figuré ainsi ⟨cunéiforme⟩; le caractère ⟨cunéiforme⟩, de son côté, supporte l'adjonction de la marque d'aspiration ⟨cunéiforme⟩, et
devient ⟨cunéiforme⟩; on aurait alors à ajouter à la liste
précédente :

Simples.   Aspirées.

⟨cunéiforme⟩   ⟨cunéiforme⟩ ou ⟨cunéiforme⟩

⟨cunéiforme⟩   ⟨cunéiforme⟩

Je ferai remarquer enfin que, dans le système médique, M. Westergaard donne au signe ⟨cunéiforme⟩, la valeur
de *ou* ou de *v* devant les voyelles; ainsi il lit *vi* le
premier caractère du nom d'Hystaspe ⟨cunéiforme⟩. Dans
ce système, ce caractère ne serait-il pas notre voyelle
⟨cunéiforme⟩ précédée du signe de l'aspiration ⟨cunéiforme⟩? *Hystaspa*

6.

serait certainement une lecture de ce nom tout aussi
satisfaisante que *Vistaspa*. Ce changement de valeur
pour le signe ◄ peut également s'appliquer au nom
de Darius dans ces mêmes inscriptions, mais j'ignore
s'il pourrait avoir aussi heureusement lieu partout
où il se présente dans l'écriture cunéiforme médique.

Les valeurs que je viens de proposer pour les
signes ⊬, ⤷⼀, ◅⤙, renversent nécessairement tout ce qui a été dit par d'autres et tout ce
que j'ai dit moi-même dans le paragraphe 25; par
conséquent, il faudrait lire autrement tout ce qu'on
a cru lire, soit en noms propres, soit en pronoms,
etc. Quant à ces derniers, depuis bien longtemps
j'ai proposé pour lecture du pronom de la première
personne le mot *anoc*, ⼁⼁ ⤷⼀ ⼀⼀, mais j'ai toujours conservé des doutes, parce que ce mot se rencontre plusieurs fois dans les inscriptions à des places
où il est impossible de lui donner le sens de *je* ou
de *moi*, à moins de supposer que les transcriptions
assyriennes ne reproduisent pas exactement le texte
zend. Cela peut être, certainement; mais si on peut
supposer une différence de texte pour expliquer la
présence des lettres ⼁⼁ ⤷⼀ ⼀⼀, avec le sens de
ego, dans des endroits où l'on ne s'attend pas à trouver
le pronom, je suis tout aussi bien en droit de me
servir de cette supposition et de donner à ces lettres
un autre sens dans un seul cas, celui où elles se présentent avant le nom du roi. Je puis dire que, dans
le texte assyrien, le roi ne parle pas à la première
personne comme dans le texte zend; dans un cas

comme dans l'autre il faut faire un changement.
Quant au mot 𐤉𐤉 ⌐𐤓𐤉, que je regarde comme un
des pronoms de troisième personne, on peut très-
bien, dans mon système, le lire *haou* ou *hou*, ce qui
donne une forme sémitique très-satisfaisante.
Je livre ces considérations au lecteur pour ce
qu'elles valent, et ne serai ni étonné, ni fâché, si
l'on trouve un meilleur moyen d'expliquer l'échange
mutuel et la suppression fréquente des caractères dont
j'ai parlé. Mieux que personne je connais les difficultés de cette étude, parce que, sachant pour ainsi
dire par cœur des textes très-nombreux et d'une cor-
rection parfaite, je connais ce qui concerne chaque
caractère et aperçois les obstacles et les contradic-
tions là où tout paraît à d'autres simple et facile.
Je suis convaincu que nous ne sortirons des hy-
pothèses que lorsque de nouveaux noms propres
nous fourniront des moyens de contrôle qui nous
permettent de fixer d'une manière certaine la valeur
de certains signes importants, tels que ◁, ⊢𐤉𐤉,
⊱⟋, ◁|⊢, etc.
Après cette longue digression je reviens aux faits
qui concernent le signe ⊢𐤉. Une seule fois je l'ai
trouvé remplacé par la marque du pluriel ⊢◄◄.
Quoique unique, cet exemple n'en est pas moins
remarquable, car, si l'on pouvait conclure quelque
chose d'un cas isolé et que le signe ⊢𐤉 fût réellement un *i*, on arriverait à donner la même valeur
à ⊢◄◄, et l'on pourrait y voir la forme sémitique
du pluriel construit.

La substitution de 🔣 🔣 à 🔣 est également digne de remarque, car ce dernier groupe représente, selon moi, à Khorsabad, le groupe 🔣 des inscriptions trilingues, employé dans le nom de Xerxès et dans quelques autres. Si 🔣 est un *i*, le composé 🔣 🔣 serait un argument à faire valoir en faveur de l'opinion qui attribue au groupe 🔣 la valeur de la diphthongue *ia*. Mais comment accorder cette valeur avec la présence de 🔣 à la fin des noms d'Ormuzd et de Xerxès?

Le signe 🔣 est tout aussi fréquent dans les inscriptions de Van et de Persépolis que dans les miennes; à Van et à Khorsabad il est très-fréquemment final. Le même fait se remarque sur la pierre de Michaud, où, en outre, 🔣 prend souvent, comme dans l'écriture ninivite, la forme 🔣. Je n'ai pas vu ce signe dans la grande inscription de la compagnie des Indes.

45.

🔣 = 🔣 * 🔣 2. 🔣 1. 🔣 1. 🔣 1.

🔣 🔣 = 🔣 🔣 1.

Je n'ai pas d'observations à faire sur ce type, si ce n'est que je crois, comme je l'ai dit, que c'est une voyelle.

46.

🔣 = 🔣 *

⟨𒂊⟩ 𒂖 = ⟨𒂙⟩ ＊

⟨𒂖 = ⟨𒂙 𒌋 4.

𒀸 𒂖 = 𒀸𒌋 2.

Le type 𒂖𒌋 est certainement composé de deux portions 𒂖 et 𒌋, car il est aussi fréquent de les trouver séparées que réunies. Je crois que ce signe représente à Ninive le persépolitain 𒂖𒌋, mais je ne puis cependant l'assurer parce que ces deux caractères n'ont pas d'équivalents connus, et l'on ne peut, en conséquence, les identifier qu'à cause de la ressemblance de forme.

47.

𒂖𒌋 = 𒂖𒌋 2. 𒂖 𒌋 1.

La variante 𒂖 𒌋 est peut-être due à la grande ressemblance des signes 𒂖 et 𒂖.

48.

𒂖𒌋 = 𒂖𒌋 2.

49.

𒂖𒌋 = 𒂖𒌋 1.

50.

𒂖𒌋 = 𒂖𒌋 5. 𒂖𒌋 3.

51.

𒂖𒌋 = 𒂖𒌋 2. 𒂖𒌋 4. 𒂖𒌋 2. 𒂖𒌋 ＊ ⟨2.

J'ai réuni ensemble les paragraphes 48, 49, 5o
et 51 pour qu'on puisse voir comment ces différents
signes passent de l'un à l'autre, en sorte qu'il est
difficile de décider si les substitutions proviennent
de la similitude de valeur ou de la ressemblance
des formes. On peut, par exemple, soupçonner une
erreur dans la substition de ⊨ à ⊨, puisque
la prolongation des clous horizontaux dans l'un de
ces signes en fait l'unique différence; mais on voit,
d'un autre côté, que ce même signe ⊨ se substitue encore plus fréquemment à ⊨, et dans
ce cas l'erreur est moins probable, puisque la différence de forme est plus grande.

Les exemples de la substitution de ⊨ à ⊨
sont tellement fréquents, qu'il est impossible de
douter de l'équivalence de ces deux signes; ils ont
d'ailleurs les mêmes équivalents, et tous les deux,
en outre, sont très-souvent supprimés; par conséquent, ce que l'on peut dire de l'un s'applique également à l'autre.

Un des équivalents les plus remarquables de
⊨, est ⊨, qui se trouve au commencement
du nom d'Ormuzd dans une des inscriptions de Persépolis, et qui y est suivi immédiatement de l'r ⊨.
Cela conduit naturellement à donner au signe ⊨,
et par suite à son substitut ⊨, soit la valeur

de la voyelle *ou*, soit celle de l'aspiration *hou*. Il
faut de plus remarquer que, dans le système cunéiforme médique, une des formes de l'*m* est ⟨cunéiforme⟩,
qui se rapproche beaucoup de notre ⟨cunéiforme⟩; or
on connaît l'affinité de la lettre *m* avec la voyelle
ou, et si la détermination de la lettre médique est
exacte, il n'y a rien d'improbable à donner une valeur analogue à une lettre assyrienne presque semblable. Nous voyons, en outre, que les deux signes
⟨cunéiforme⟩ et ⟨cunéiforme⟩ s'échangent avec le coin ◀, qui,
selon M. Westergaard, est l'*ou* du système médique.
Enfin, le signe ⟨cunéiforme⟩ peut être remplacé par un
groupe composé ⟨cunéiforme⟩, dans lequel entre le signe
⟨cunéiforme⟩, qui paraît dans le nom d'Ormuzd à la place
où doit se trouver la voyelle *ou*. Tous ces indices
réunis conduisent avec assez de probabilité à donner
aux deux caractères équivalents ⟨cunéiforme⟩ et ⟨cunéiforme⟩,
les valeurs analogues de *m*, *ou*, *w* et *hou*.

Mais alors que doit-on penser du signe ⟨cunéiforme⟩, qui
paraît quatre fois à la place de ⟨cunéiforme⟩? Faut-il donner à ce caractère les mêmes valeurs? Cela est bien
difficile, et cet exemple est propre à montrer combien nous avons besoin de nouveaux éléments avant
de pouvoir assigner des valeurs certaines aux caractères en apparence les plus faciles à déterminer.

Les deux formes ⟨cunéiforme⟩ et ⟨cunéiforme⟩ sont également communes dans les inscriptions de Khorsabad,
mais rarement elles sont employées à la fois dans
la même inscription. C'est même l'emploi constant
d'un de ces signes et l'absence complète de l'autre

dans quelques textes qui a appelé mon attention
sur les substitutions.

Dans les inscriptions trilingues, on ne voit ni
⊨𝍫⊨, ni ⊨𝍫⊨ : ces deux signes y sont, je crois,
représentés par leur équivalent ⊨𝍫, qui y est
beaucoup plus commun relativement que dans mes
inscriptions. Dans celles de Babylone, comme je l'ai
dit, le signe ⊨𝍫⊨, est augmenté d'un clou dans
les deux sens et se trouve figuré ainsi ⊨𝍫⊨.

52.

⊨𝍫 = 𝍫 * ⊨𝍫 4. ⊨𝍫 2.

Le signe ⊨𝍫 est un nouvel exemple des rapports qui existent entre toutes les variétés de l'écriture cunéiforme assyrienne. L'équivalent 𝍫 est
un type tellement fréquent dans l'écriture babylonienne, qu'il a pu en être considéré comme caractéristique. J'avais copié plus de cent inscriptions à Khorsabad sans y avoir rencontré cette forme et, plus tard,
dans d'autres inscriptions, je l'ai trouvée substituée
partout à ⊨𝍫. Qui peut assurer qu'il n'en soit
pas de même pour un grand nombre de signes babyloniens?

Notre signe ⊨𝍫 se trouve dans quelques inscriptions de Persépolis en tête du nom d'Ormuzd,
(autant du moins qu'on peut le séparer de ce qui
l'entoure); aussi s'accorde-t-on en général à lui donner la valeur de la voyelle *ou*, simple ou aspirée.

Je crois en outre que ce caractère peut représenter également les lettres *w*, *b*, *m*, qui toutes ont de l'affinité avec la voyelle *ou*. Ce n'est cependant qu'une supposition; car j'avoue n'avoir jamais pu expliquer à ma satisfaction les mots très-nombreux des inscriptions trilingues dans lesquels ce signe se présente.

Le signe ⊨𝍫, suivi de ⊨ ou ⊨, commence toutes les grandes inscriptions de Khorsabad, toutes celles qui sont gravées derrière le revêtement de gypse, toutes celles des briques de Ninive. L'échantillon des inscriptions de Nimroud que m'a envoyé M. Layard, commence également par ce même caractère. Sauf ce cas, ⊨𝍫 est d'un emploi assez rare dans mes inscriptions ainsi que dans celles de Van. Dans celles de Persépolis, il est beaucoup plus fréquent, ce qui tient, je crois, à ce que l'équivalent ⊨ n'y a pas été employé.

53.

J'ai déjà dit que, selon moi, le signe ⊨ était une voyelle, et il est inutile de répéter ce que j'ai écrit à ce sujet dans le paragraphe 44; comme les autres voyelles, il est souvent supprimé.

54.

𒀸 = 𒀸 2. 𒀸 1. 𒀸 1.

𒀸 𒀸 = 𒀸 1.

𒀸 𒀸 = 𒀸 2.

Le premier équivalent, 𒀸, me paraît être le seul certain, car, non-seulement, les deux formes sont très-différentes, mais encore cette substitution est confirmée par celle de 𒀸 à 𒀸 (§ 15)[1]. Il semble résulter de la comparaison de ces deux exemples, qu'en composition 𒀸 remplace 𒀸.

Les deux autres variantes 𒀸 et 𒀸 me paraissent être des fautes dues à la similitude des signes.

La lecture de quelques noms propres dans l'inscription de Nakchi-Roustâm a conduit à donner au signe 𒀸 la valeur d'un *t;* avec cette détermination, il serait impossible de trouver dans une langue sémitique ou arienne un mot, ayant le sens de père, qui convînt à la forme que ce mot présente dans les inscriptions trilingues,

𒀸 𒀸 𒀸 𒀸 𒀸 𒀸.

Je sais qu'on l'a cherché dans la langue copte, mais ce n'est certainement pas cette langue qu'on s'atten-

---

[1] C'est par erreur que cette équivalence a été marquée d'un point d'interrogation; je me suis assuré qu'elle est très-certaine.

drait à trouver dans les inscriptions de la Mésopo-
tamie. Quoique, en conséquence, je ne croie pas
à cette interprétation, je m'abstiens de la critiquer
puisque je n'ai rien de mieux à proposer; je ferai
même observer que le mot *roi*, tel qu'il résulte de
mes inscriptions (§ 20), pourrait être facilement
ramené à un mot égyptien ayant cette signification.

J'ai ajouté deux combinaisons remarquables dans
lesquelles entre le signe 𒀭. Dans la première,
on voit le signe 𒀸, l'équivalent de 𒈾 et celui
qui précède tous les noms de pays; on le voit, dis-
je, remplacé par 𒆠 𒀭. D'après les systèmes
proposés, ces signes représenteraient les lettres *nt*, et
par conséquent il faudrait chercher dans ces deux
lettres le mot *ville* ou *pays*. Je laisse à d'autres à
trouver un mot qui convienne.

La seconde combinaison est également difficile à
expliquer; elle nous donne 𒆳, c'est-à-dire la
dernière lettre du nom d'Hystaspe comme équivalent de 𒅎 𒀭. Or on doit, d'après les idées re-
çues, donner à ces deux signes la valeur de *kht*.
Ces valeurs sont inconciliables; il faut donc nécessairement que l'on se soit trompé dans l'une ou
l'autre de ces déterminations, car les équivalents
sont si différents, que l'on ne peut supposer une
erreur de gravure ou de copie.

55.

𒀭 = 𒅎 [3].

Ces deux signes sont évidemment les mêmes et
tous deux représentent indubitablement la forme
⌦⌦ employée à Persépolis. Ils ont, comme je
l'ai dit, la valeur d'une voyelle, et probablement
de l'*i*.

56.

⌦ ⌦ 1. ⌦ 2.

⌦ ⌦ ⌦ ⌦

Je crois que la première variante ⌦ est une
erreur; quant à la seconde, ⌦, elle est certaine et très-remarquable. On sait en effet que, dans
le nom d'Ormuzd, le signe qui doit contenir l'*s* ou
le *z* est ⌦. Une des portions de ce groupe est
notre type ⌦, et il est facile de reconnaître
l'autre portion ⌦ dans les six petites têtes de clous
ajoutées dans l'intérieur du signe ⌦, équivalent de ce même type ⌦. Il est donc probable
que le groupe persépolitain ⌦ et les ninivites
⌦ et ⌦ sont les mêmes; or le signe persépolitain doit avoir la valeur de *as* ou *az*, et il doit
alors en être de même pour les signes ninivites.
Mais des deux portions qui entrent dans la composition de ⌦, savoir : ⌦ et ⌦, quelle est
celle qui représente la consonne? Si l'on tient compte

des résultats obtenus dans le déchiffrement du système médique, il est probable que 𝗪 représente
cette consonne, car, dans cette écriture, ce signe
a la valeur de *z* ou *za*. L'autre portion, ⟐⟐, serait
alors une voyelle. Cette dernière valeur est cependant contredite par une équivalence que nous
donnent les inscriptions trilingues. Un des mots
représentant ce que M. Lassen traduit par *sustentator, auctor*, y est écrit de plusieurs manières.

⟐⟐ ⟐⟐ ⟐⟐ Schulz, pl. VIII, lig. 18.

⟐⟐ ⟐⟐ ⟐⟐ ⟐⟐ *id*. pl. VII, l. 18.

Dans ces deux assemblages de signes, les premiers,
⟐⟐ et ⟐⟐, sont certainement équivalents, et les
deux derniers semblables; il en résulte, ce me semble, que le groupe ⟐⟐ équivaut à ⟐⟐ ⟐⟐;
or, dans le premier groupe composé, il est difficile
de ne pas admettre que la portion ⟐⟐ représente
⟐⟐, et l'autre portion ⟐⟐ représente ⟐⟐.
Mais ce dernier signe termine le nom de Cyrus et
l'on en fait un *s;* il faut donc donner la même valeur au signe correspondant ⟐⟐, et l'on ne peut
pas le considérer comme une voyelle, ainsi que je
le disais tout à l'heure.

Je dois faire observer en passant que ces deux
exemples d'équivalence sont peu sûrs, parce qu'ils
sont tirés de copies dont l'exactitude est très-dou-

teuse, les inscriptions de Hamadan n'ayant pas été
copiées par Schulz lui-même. J'ai cherché à vérifier
le fait en consultant l'ouvrage de MM. Flandin et
Coste, mais la confusion des signes y est telle que
je n'ai pu en faire usage. Je doute d'autant plus du
groupe 𒀭, donné par la VIII⁰ planche de Schulz,
que, dans les excellentes copies de Rich et de Westergaard, le même mot est écrit ainsi :

Le dernier groupe ⟶ équivaut à ⟶ (§§. 1
et 5) ⟶ = ⟶ = ⟶ = ⟶); quoiqu'il
y ait un groupe de plus, ⟶, il n'en est pas
moins probable que c'est le signe ordinaire 𒀭,
et non pas 𒀭, qu'il faut voir dans le mot en
question. Au reste, cela ne change rien à mon raisonnement, puisque 𒀭 a bien certainement la
valeur de s ou as; s'il est remplacé par ⟶ = ⟶,
il en résulte toujours la même valeur pour ⟶,
et par conséquent pour ⟶ Ce sera alors le signe
⟶, dernière lettre du nom d'Hystaspe, qui de-
viendra l'objet d'une difficulté, puisqu'il se trouvera
correspondre à 𒌋 dont on fait une s ou un z; mais
ce n'est pas le moment de discuter ce point, sur
lequel j'aurai l'occasion de revenir.

L'exemple que j'ai ajouté à ce paragraphe donne

une nouvelle probabilité à la détermination de ⬚
comme représentant l's ou le *z*. On y voit, en effet,
deux combinaisons terminées, l'une par ce signe
⬚, et l'autre par ⬚. Or ce dernier signe est
une chuintante dans le système médique, et il a probablement la même valeur dans le système assyrien,
puisqu'il se trouve à la fin du nom d'Achéménès.
Nous sommes donc conduits, par cette discussion,
à donner aux signes ⬚ et ⬚ la valeur de sifflantes;
pour expliquer leur réunion dans un seul groupe
⬚ ou ⬚, ne serait-il pas possible d'admettre qu'afin de représenter une articulation étran-
gère à leur langue, les Assyriens eussent réuni
deux lettres, comme nous le faisons nous-mêmes
dans beaucoup de cas? Il est certain que les signes
⬚ et ⬚ sont tous les deux fort rares
dans les inscriptions de toutes les localités.

57.

⬚ = ⬚ 2. ⬚ ⬚ 1.

Le signe ⬚ est employé dans le système médique, et la place qu'il occupe dans les noms de
Darius et d'Hystaspe conduit à lui donner la valeur
de *ch;* dans l'écriture assyrienne, il se trouve à la
fin du nom d'Achéménès, et cette valeur y convient
également à ce signe, surtout si du caractère suivant
on fait une voyelle et non la chuintante.

On remarquera que ⟦cuneiform⟧ vient à la place de ⟦cuneiform⟧, qui représente le *b* de l'écriture cunéiforme persane; cela, comme je l'ai déjà dit, est inexplicable. J'invite de plus le lecteur à rapprocher ce fait de celui dont j'ai parlé dans le paragraphe précédent. Nous y avons vu, par l'équivalence de ⟦cuneiform⟧ avec ⟦cuneiform⟧ ⟦cuneiform⟧, que le signe ⟦cuneiform⟧ était probablement remplacé par ⟦cuneiform⟧; or, dans le système médique, ⟦cuneiform⟧ a la valeur de *z*. Nous trouvons donc ⟦cuneiform⟧ et ⟦cuneiform⟧, deux signes auxquels, dans l'écriture cunéiforme assyrienne, on veut donner les valeurs de *b* et de *p* remplacés par des signes ⟦cuneiform⟧ et ⟦cuneiform⟧, ayant respectivement, dans l'écriture médique, la valeur de deux sifflantes, *ch* et *z*. Ces valeurs sont inconciliables; et, si je ne me trompe, il y a là quelque chose de propre à nous faire douter des valeurs que l'on donne ordinairement, dans le système assyrien, aux signes ⟦cuneiform⟧ et ⟦cuneiform⟧.

La seconde équivalence nous montre ⟦cuneiform⟧ remplaçant ⟦cuneiform⟧; c'est, je crois, une erreur, car cet assemblage de signes, quand il n'est pas écrit en entier, est toujours remplacé par ⟦cuneiform⟧, signe dont la ressemblance avec ⟦cuneiform⟧, a pu causer une erreur, soit de ma part, soit de celle du graveur de l'inscription.

58.

⟦cuneiform⟧ = ⟦cuneiform⟧ ⟦cuneiform⟧ [2].

Le signe 𒂼𒐊 est fort rare dans les inscriptions,
où il paraît comme une abréviation, à en juger du
moins par l'unique équivalence que j'ai rencontrée.
Il est au contraire très-commun dans l'inscription
de Nemroud qui m'a été envoyée par M. Layard.

59.

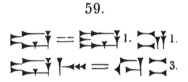

La première variante 𒂼𒐊 est probablement
une faute. La seconde, quoiqu'elle ne se soit présentée qu'une fois, est assez différente du type pour
mériter l'attention; je n'ai du reste aucune remarque
à faire sur le caractère 𒂼𒐊, et je me suis borné
à ajouter un exemple qui peut être intéressant parce
qu'il montre le signe du pluriel 𒈨𒉡 remplacé par
d'autres caractères.

60.

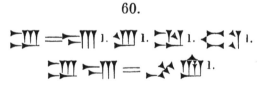

La première variante 𒀖𒐊, me paraît douteuse,
parce que l'on a pu facilement oublier le premier
clou horizontal du signe 𒀖𒐊. Les autres sont certaines, comme on le voit, mais rares; ce caractère

n'ayant pas d'équivalents sur la valeur desquels nous ayons des données, je ne puis rien en dire.

61.

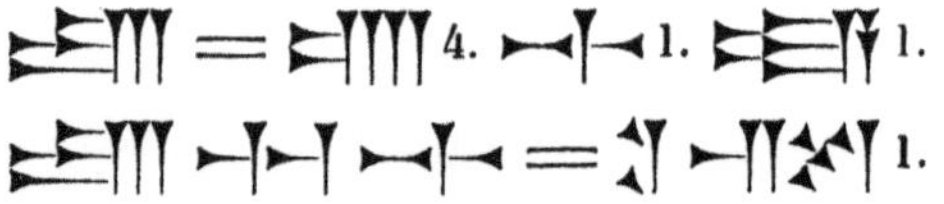

Les trois variantes du signe  sont remarquables; la première , et la troisième , conduisent à lui donner la valeur d'une voyelle; mais la seconde, , rend cette détermination presque impossible, et cependant cette variante, quoiqu'elle ne se soit présentée qu'une fois, n'en est pas moins certaine, car nous en avons des preuves indirectes. En effet, la substitution de  à  est assez fréquente pour être regardée comme certaine, or, 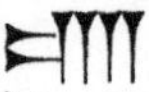 équivaut à , qui équivaut lui-même à , équivalent indubitable de : nous avons donc directement d'une part,

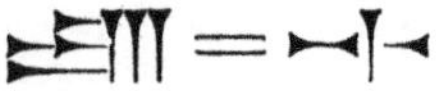

et, indirectement, de l'autre,

L'exemple même que j'ai ajouté nous donne, si je ne me trompe, une autre confirmation de cette équivalence. Dans ces deux combinaisons, le dernier

signe de l'une, 𒀭, est un équivalent certain du dernier signe de l'autre, 𒁹 (§ 1); le signe du milieu de la première, 𒁹, représente certainement le signe du milieu de la seconde, 𒀹; et, en conséquence, le premier caractère 𒂍 équivaut à 𒁹.
Or, comme je l'ai dit, 𒁹 et 𒁹 se substituent fréquemment l'un à l'autre.

Il n'y a donc pas lieu de douter qu'il n'y ait substitution, et, par conséquent, similitude de valeur entre 𒂍 et 𒁹. Mais alors nous voyons reparaître la même difficulté qui s'est déjà présentée au sujet de l'équivalence de 𒁹 et de 𒂍. Le dernier de ces deux caractères paraît être une voyelle, mais peut-il en être de même du premier 𒁹, et, par conséquent, de ses équivalents 𒁹, 𒁹, 𒁹, etc.? Pour concilier ces apparences, il faut attendre, comme je l'ai déjà dit plusieurs fois, que nous ayons à notre disposition de nouveaux éléments de déchiffrement.

62.

𒂍 = 𒁹 * 𒁹 4. 𒁹 5.

𒂍 𒂍 = 𒁹 1.

𒂍 𒂍 = 𒁹 2.

𒂍 𒂍 = 𒁹 1.

𒂍 𒀹 = 𒂍 1.

La première variante ⊢⨅⊣ est extrêmement
fréquente, mais c'est surtout à la fin des lignes
qu'elle se substitue à la forme ordinaire ⊨], lorsqu'un mot n'était pas assez long .pour la remplir
entièrement. Il semble que, dans ces cas, le graveur,
forcé d'allonger les caractères pour atteindre la fin
de la ligne, ait trouvé la figure ⊢⨅⊣ plus propre
à subir cet allongement. Cependant, on rencontre
cette variante substituée à ⊨], ailleurs qu'à la fin
des lignes.

Le second équivalent, ⊨]⊢, quoique assez fréquent, me paraît cependant douteux, parce que le
clou horizontal isolé a pu facilement être ajouté ou
oublié. Quant au troisième ◀◀, cette cause d'erreur
ne peut être admise, parce que les signes ne se
ressemblent pas, et, en conséquence, ces exemples
de substitution de ◀◀ à ⊨] doivent inspirer des
doutes sur la valeur communément attribuée aux
deux coins ◀◀. Comme on les voit, dans le nom
d'Achéménès, remplacer deux ou trois signes parmi
lesquels doit se trouver celui qui représente la lettre
n, on en a conclu, immédiatement, que ces coins
devaient représenter la syllabe *ni;* mais nous les
voyons paraître cinq fois à la place du signe ⊨],

dont la position, dans les noms d'Ormuzd et d'Achéménès, est telle, qu'il est impossible de ne pas le
regarder comme le représentant de la lettre *m;* il
y a donc erreur, soit dans cette dernière détermination, soit dans celle du signe ◄◄.
Pour moi, je suis convaincu que ces deux coins
◄◄ ne représentent pas uniquement la syllabe *ni*,
mais peuvent avoir également des valeurs très-différentes, et, par conséquent, j'admets la valeur de
m pour le signe ⊨⌐; en même temps, cependant,
je crois que, dans beaucoup de cas, il peut représenter la voyelle *ou;* sans cela, je ne m'expliquerais
pas l'adjonction si fréquente de trois clous horizontaux à beaucoup de signes dans la composition
desquels ils n'entrent pas ordinairement, tels que
►◄⊨⌐ et ⊒⌐. Peut-être même peut-on voir quelque analogie entre le signe de la voyelle *ou*, ►┤◄⌐,
tel que je l'ai déterminé, et la variante ►┤►┤ de
notre *m* ⊨⌐.
Dans le système médique, le signe ⊨⌐ est, selon
M. Westergaard, un *p*, et par suite de l'analogie de
cette lettre avec le *b*, et de celui-ci avec l'*m*, on peut
y voir une confirmation de la valeur *m* attribuée
dans le système assyrien à ce même signe ⊨⌐. Il
faut cependant remarquer que, dans l'écriture cunéiforme persane, ce dernier caractère représente
la lettre *r*. Cela montre qu'il ne faut pas ajouter
trop de confiance aux inductions tirées de la ressemblance des signes dans les divers·systèmes.

63.

⟦signes cunéiformes⟧ = ⟦signe⟧ 4. ⟦signe⟧ * ⟦signe⟧ 1. ⟦signe⟧ 1

J'ai dit, dans le paragraphe précédent, que la substitution de ⟦signe⟧ à ⟦signe⟧ me paraissait être l'effet d'une erreur. Les autres équivalents sont certains au contraire, mais cependant il peut rester des doutes sur l'échange de ⟦signe⟧ et de ⟦signe⟧, à cause de la similitude des signes. C'est la même difficulté qui s'est déjà presentée au sujet des signes ⟦signe⟧ et ⟦signe⟧, et de leurs substituts ⟦signe⟧, ⟦signe⟧.

Je ne doute pas que le signe persépolitain ⟦signe⟧ ne soit le même que le ninivite ⟦signe⟧, et quelques inductions tirées des inscriptions trilingues permettent de leur assigner, avec quelque probabilité, la valeur de *r*. En effet, dans la transcription assyrienne, les signes qui représentent le mot *wazarka* du texte zend sont tantôt

⟦signes cunéiformes⟧

et tantôt

⟦signes cunéiformes⟧.

Dans ces deux combinaisons, les premiers et les derniers signes sont identiques, et si l'on suppose qu'elles représentent le même mot, il s'ensuivra que le signe ⟦signe⟧ de l'une représente les deux caractères ⟦signe⟧ ⟦signe⟧ de l'autre; or, de ces deux signes, le premier est certainement un *r*, et cette même valeur devra alors se trouver dans le substitut 𒂍𒁀.

Un autre mot des inscriptions trilingues nous offre un second exemple de la substitution de 𒂍𒁀 à une combinaison de signes parmi lesquels se rencontre la lettre *r;* c'est le premier des mots qui représentent le *sustentator, auctor,* de M. Lassen. En comparant les planches XIV et XVI de M. Westergaard, on verra, à la ligne 8 de la première, ce mot écrit

𒂍𒁀 𒀀𒁀.

A la 11ᵉ ligne de la seconde, ces deux caractères sont remplacés par

𒄖𒅇 𒌋𒅆𒂍 𒀀𒁀.

Si le signe 𒂍𒁀 n'était pas un *r*, ce serait un bien singulier hasard que celui qui, deux fois dans des mots différents, le montrerait substitué à des combinaisons renfermant cette lettre. Il n'est pas inutile de faire remarquer que cette détermination rendrait raison de la forme de la lettre *r* dans l'écriture cunéiforme persane 𒂍; ce serait une simple dégradation du signe assyrien 𒂍𒁀.

Si l'on admet cette détermination, il devient assez facile de lire le mot 𒀀𒌋𒅀 𒂍𒁀 𒂍𒐊. Le premier signe, 𒀀𒌋𒅀, est, selon l'opinion générale, un *a* ou un *h*, et représenterait l'article. Le dernier signe, 𒂍𒐊, est probablement une des formes de la voyelle *ou*, mais, à cause de l'affinité de cette voyelle avec la consonne *m*, on est en droit d'attribuer à ⊨𝕐𝕐𝕐 cette même valeur, et l'on obtiendrait le mot *rom*, racine sémitique bien connue. Ce même mot convient également bien aux signes ⊨⊢— ⊨𝕐𝕐𝕐, dans d'autres passages des inscriptions trilingues où ils se rencontrent après le monogramme représentant le mot *roi*. Enfin, presque toutes les inscriptions de Khorsabad commencent, comme je l'ai dit, par ⊨𝕐𝕐𝕐 ⊨⊢—, et l'on pourrait y voir le mot *mar* ou *mor*, qui signifie seigneur en chaldéen ou en syriaque.

Telles sont les suppositions que je puis faire, et je les donne avec d'autant plus de méfiance que, jusqu'à ce qu'on l'ait démontré par des arguments péremptoires, je me refuserai à croire que la langue des inscriptions assyriennes soit une langue sémitique.

64.

𝔼𝕐𝔼

Ce caractère étant évidemment le même que ⊨𝕐𝕐𝔼, je ne reviendrai pas sur ce que j'ai dit dans le paragraphe 51 ; je me bornerai à ajouter que l'inscription de Nakchi Roustâm nous offre, au commencement, un exemple de la substitution du coin ◁ au signe ⊨𝕐𝕐𝕐. C'est une raison de plus d'assimiler ce caractère au signe ⊨𝕐𝕐𝔼 ou à sa variante 𝔼𝕐𝔼. puisque ce coin remplace souvent ceux-ci.

65.

𒁹

J'ai parlé de ce signe dans le paragraphe 34, et je ne le place ici que pour ne pas interrompre la série des caractères commençant par trois clous horizontaux.

66.

𒁹 = 𒁹 ∗ ◄⌐— 1. ◄⌐ 2. 𒀭 1. 𒁹 1.
𒁹 1. 𒁹 1.

Ce type est, selon moi, identique au caractère qui tient la place de l'*y* dans le nom de Darius, c'est-à-dire à 𒁹; je ne crois pas qu'il puisse y avoir de doute à cet égard. Ce serait donc une voyelle, comme je l'ai dit au paragraphe 44, et cette détermination viendrait à l'appui de tout ce que j'ai avancé au sujet des signes ◄⌐— et ◄⌐. Nous les voyons en effet paraître comme substituts de 𒁹, et si celui-ci est réellement une voyelle, on ne pourrait accorder cette valeur avec celle de *ch* attribuée au signe ◄⌐—. La grande différence des caractères ne permet cependant pas d'attribuer la substitution à une autre cause qu'à une similitude de valeur.

Les variantes 𒁹 et 𒁹 me paraissent, au contraire, être dues, comme je l'ai dit, à des erreurs faciles à commettre à l'égard de signes qui se ressemblent autant. Quant au signe 𒌨, il est trop différent pour qu'on puisse le regarder comme une faute ; je crois que c'est un chiffre auquel on a pu substituer une lettre, comme cela m'a paru avoir indubitablement lieu pour un autre chiffre ainsi que je le dirai plus tard.

67.

⊨ = ⊨ *

Ce type est le *d* tel qu'il est fait dans les inscriptions trilingues. J'en parlerai à propos de ses équivalents ⊨ et 𒌷.

68.

⊨ = ⊨ * ⊨ * ⊨ 2. ⊨ 2.
⊨ 2.

⊨ = ⊨ 1.

⊨ = 1.

Les équivalents du type ⊨ n'en sont, comme on le voit, que de simples variétés ; jamais je ne l'ai vu remplacé par ⊨, ainsi qu'on aurait pu s'y attendre, et ce fait se joint à beaucoup d'autres pour montrer combien peu on doit se fonder sur la ressemblance des formes pour déterminer la

valeur des caractères. ⟨signe⟩ est certainement un *d*,
et ⟨signe⟩ n'en est probablement pas un, puisque ce
dernier signe ne se substitue jamais au premier.
Il m'est au reste impossible de rien dire de probable au sujet de la valeur de ⟨signe⟩, car ce caractère n'a, si je puis m'exprimer ainsi, ni tenants ni
aboutissants, puisqu'il ne se substitue à aucun signe
connu. Un des exemples que j'ai ajoutés paraît cependant le présenter comme équivalent de ⟨signe⟩,
que je suis porté à regarder comme une voyelle,
mais je ne puis en donner la preuve; et d'ailleurs
l'exemple n'est pas concluant, puisque les derniers
signes de chacune des combinaisons équivalentes
ne sont pas exactement semblables : il est possible,
en conséqence, que les deux assemblages de signes
représentent des mots différents.

Dans les inscriptions de Van, il y a un signe
assez commun ⟨signe⟩, que je n'ai pas rencontré à
Khorsabad, et qui est peut-être une simple variété
du ninivite ⟨signe⟩; si l'on pouvait démontrer l'identité de ces deux signes, on pourrait avoir un moyen
de parvenir à déterminer la valeur de ce dernier
⟨signe⟩. En effet, après avoir bien considéré le rôle
du signe ⟨signe⟩, j'ai acquis la conviction qu'il représente dans les inscriptions de Schulz le signe
ninivite ⟨signe⟩, qui n'est autre, comme je l'ai dit,
que le caractère très-usité ⟨signe⟩, dont on fait généralement un *n*. Il me semble qu'à Van le groupe
très-commun ⟨signe⟩ ⟨signe⟩ représente le ⟨signe⟩ ⟨signe⟩

ou 𒅊 𒀀 de Khorsabad et de Persépolis; il me paraît également qu'un autre groupe très-usité dans les inscriptions trouvées en Arménie, savoir : 𒅊 ⊨𒅅 ⊨𒅅 représente ce que l'on regarde comme le pronom de la première personne dans les inscriptions trilingues, 𒅊 ⊨𒅅; dans ces dernières combinaisons de signes, l'identité des signes terminaux est à peu près certaine, comme je le montrerai. Je laisse aux lecteurs à juger si l'on peut être fondé à rapprocher le signe ⊨𒅅 du ninivite ⊨𒅅 et à déduire de ce rapprochement les conséquences que je viens d'exposer.

69.

$$\text{𒅆𒈾} = \text{𒈾} * \text{𒀀} * \text{𒈾} \; 1. \; \text{𒅆𒈾} \; 2.$$
$$\text{𒅆𒈾} \; 1.$$

Les deux premiers équivalents 𒈾 et 𒀀 sont très-fréquents, le troisième 𒀀 est bien certain, mais, comme il ne se rencontre que dans une seule place des inscriptions de Khorsabad, il ne serait pas prudent, je crois, d'en conclure l'identité des deux signes 𒅆𒈾 et 𒀀; je n'en ai pas moins dû noter ce fait, et j'ai fait voir, dans le paragraphe 37, qu'il y avait une certaine analogie entre les équivalents des signes, analogues eux-mêmes, 𒈾 et 𒅆𒈾.

Des deux derniers équivalents, l'avant-dernier,

⊱, quoique rare, est certain, mais il n'en est pas de même du dernier ⊱, car, en général, ce signe ne sé substitue pas à ⊱, et on peut avoir oublié une fois les deux coins ⟨, qui constituent toute la différence.

Le signe ⊱, ainsi que son congénère ⊱, ne me paraît pas avoir été employé comme signe phonétique; cela du moins me semble démontré par son inégale distribution dans le cours des inscriptions, où il ne se rencontre qu'à des places déterminées et toujours les mêmes. En général, quand il paraît dans un endroit, il se répète plusieurs fois après de courts intervalles remplis par trois ou quatre signes. Cette particularité tend à faire considérer ces successions de signes comme des listes de noms, soit d'hommes, soit d'objets matériels, tous précédés d'un signe particulier ⊱, comme les noms de villes ou de pays sont précédés des signes ⊱ ou ⊱ à Khorsabad, et ⊱ à Persépolis. Cela n'est sans doute qu'une supposition, mais elle se présentera, je crois, à l'esprit de quiconque examinera la distribution de ce signe dans les grandes inscriptions de Khorsabad, soit celles des pavés, soit celles des taureaux.

Malheureusement, je n'ai jamais trouvé le signe ⊱ remplacé, comme son analogue ⊱, par plusieurs caractères, et par conséquent je ne puis avoir aucune donnée sur ce qu'il représente. Si j'avais plus de confiance dans la méthode de la décomposition des signes, je dirais, cependant, qu'il est l'abrégé du mot *bar*, fils, ou *mar*, seigneur. En effet, ⟦signe⟧ et ⟦signe⟧ ont chacun une partie commune ⟦signe⟧, qui, très-probablement, représente l'*r* final du mot, quel qu'il soit, formé par les lettres ⟦signes⟧ dont ⟦signe⟧ est en quelque sorte le chiffre. Puisque cette portion se trouve dans ⟦signe⟧, il est permis de croire que le mot représenté par ce signe se termine aussi par une *r*, et l'on peut voir le rudiment d'une *m* ⟦signe⟧ dans les trois clous horizontaux qui commencent ce signe. Si l'on y voit une *m*, le mot sera *mar*; si, à cause de l'affinité de l'*m* et du *b* on y voit cette dernière lettre, ⟦signe⟧ représentera le mot *bar* et, dans ce cas, les séries de signes précédées de ce caractère seraient des nome propres, et leur suite constituerait une généalogie. Je ne dois pas cacher que cette idée est contredite par l'absence du clou perpendiculaire avant les signes précédés par ⟦signe⟧, mais cette difficulté n'est pas insurmontable, car il ne me semble pas prouvé, comme je le dirai, que ce clou perpendiculaire précède toujours les noms propres. Lorsque je parlerai de ce clou ⟦signe⟧, je ferai voir au moins qu'il précède des mots qui ne peuvent être des noms, comme des chiffres, par exemple. Il n'y a donc aucune raison de le regarder comme une marque absolue et nécessaire des noms propres. Les personnes mêmes qui veulent voir une généalogie au commencement des inscriptions de Khors-

abad, dans les signes toujours précédés du monogramme ⸢⸣, sont bien forcées d'admettre que
le clou manque quelquefois devant les noms propres,
puisque là il ne paraît qu'en tête de la liste, et ne se
reproduit pas devant les signes dans lesquels on croit
trouver des noms de rois. Je ne crois donc pas
que l'absence du clou perpendiculaire après ⸢⸣
suffise pour empêcher de regarder les signes qui le
suivent comme représentant des noms propres. Pour
aider les savants qui croiraient mes idées justes à
chercher des noms dans les séries de signes commençant par ⸢⸣, je vais leur en soumettre une
en attendant que les grandes inscriptions soient
gravées.

Avant et après ce passage de mes inscriptions, il
y en a d'autres semblables, mais plus courts. Dans
l'une d'elles (pavé de la porte L, lig. 25), on remarque le signe ⸢⸣ suivi d'un groupe de caractères précédés du clou perpendiculaire :

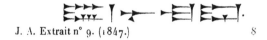

Je crois que quiconque observera l'inégale distri
bution du signe ⸺ et son apparition dans de
certains endroits, à des intervalles réguliers, remplis
par trois ou quatre caractères, pensera comme moi
qu'il faut y voir non une lettre, mais un mot.

Je n'ai rien vu de semblable à ⸺ dans les
inscriptions de Van et de Persépolis, mais dans ces
dernières on trouve l'équivalent ⸺ qui paraît y
avoir été employé pour représenter le mot *homme;*
cela engagerait à considérer comme des noms de
peuples les caractères précédés de ⸺

70.

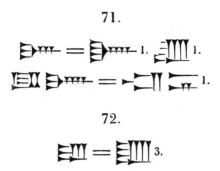

Je ne puis rien dire au sujet de ce type, dont
l'emploi est assez rare, et qui me paraît, ainsi que le
précédent, n'avoir pas été usité comme signe phonétique.

71.

72.

En comparant les numéros 71 et 72 il paraîtra

évident, je pense, que les formes ⟨cuneiform⟩ et ⟨cuneiform⟩ ne sont que de simples variétés, puisqu'elles équivalent toutes deux au même caractère, ⟨cuneiform⟩. De plus, ces deux exemples prouvent que, pour certains signes, le nombre des clous était à peu près indifférent et qu'on pouvait, à volonté, en mettre tantôt trois, tantôt quatre; cela concorde avec ce que j'ai dit au sujet de l'identité des signes ninivites ⟨cuneiform⟩, ⟨cuneiform⟩, etc. avec les signes persépolitains ou babyloniens ⟨cuneiform⟩, ⟨cuneiform⟩.

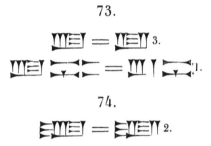

73.

74.

Je n'ai qu'une observation à faire sur les deux numéros ci-dessus, c'est qu'ils montrent que l'on pouvait changer la place des clous. Dans chacun de ces signes, tantôt on voit les quatre clous verticaux distribués deux par deux, tantôt on les voit en deux groupes, l'un de trois, l'autre d'un seul clou. C'est quelque chose d'analogue à ce que nous avons vu pour beaucoup de signes ⟨cuneiform⟩, ⟨cuneiform⟩, ⟨cuneiform⟩, etc. que nous avons rencontrés indifféremment figurés ainsi : ⟨cuneiform⟩, ⟨cuneiform⟩, ⟨cuneiform⟩.

8.

75.

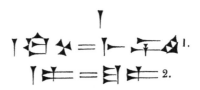

Le clou vertical isolé Ⳑ n'a pas d'équivalents certains; on pourrait conclure, d'un des exemples ajoutés, que sa valeur est la même que celle de ⳤ,
mais cette substitution me paraît due à une erreur.
Tout le monde sait que ce clou vertical précède,
dans les inscriptions trilingues, les noms propres
d'hommes, mais non pas les noms de dieux, puisqu'il ne se trouve pas avant le nom d'Ormuzd. On
s'est hâté d'en conclure que c'était un indice certain
et qu'on devait trouver un nom propre partout où
il se rencontrait; c'est, je crois, une erreur, comme
je l'ai déjà dit, et l'on en a la preuve, non-seulement dans les inscriptions de Khorsabad, mais même
dans celles de Persépolis. Dans les miennes, d'abord,
le clou est souvent supprimé; j'en conclus que son
emploi n'est pas indispensable, et que, par conséquent, il peut y avoir des noms qui n'en soient pas
précédés. En outre, j'ai la certitude que cette marque se place aussi devant des groupes de signes qui
ne représentent pas des noms, mais des chiffres.
Voici comment je m'en suis assuré : on trouve dans
les inscriptions des taureaux du palais de Khorsabad
cette série de signes :

Aucune combinaison phonétique ne pouvait pro-
duire un pareil assemblage de signes, et j'en conclus
que ce devaient être des chiffres; ce fut aussi l'opinion de M. Rawlinson, auquel je communiquai ce
fait. On y voit déjà le clou perpendiculaire employé
d'une manière qui ne permet pas dans cet endroit
de le considérer comme la marque d'un nom propre.
Dans les inscriptions des pavés, cette série de caractères ne se trouve pas, mais on y voit celle-ci :

Ici nous voyons le clou vertical précédant des
signes que nous avons été conduits à regarder comme
des chiffres, et il semble évident que là, au moins,
il n'est pas l'indice d'un nom propre. On demandera
naturellement pourquoi la première série de chiffres
n'est pas, comme la seconde, précédée de cette
marque. En voici je crois la raison : ce signe ⟨⟩,
quoique pouvant être employé comme chiffre, est,
comme on le verra, un équivalent très-certain d'un
caractère très-usité, ◁; il fallait donc indiquer si
on l'employait comme signe numéral ou comme
signe phonétique, et dans ce dernier cas on le dis-
tinguait par le clou perpendiculaire ; mais cette précaution n'était nécessaire que lorsqu'il pouvait y
avoir doute, c'est-à-dire lorsque les circonstances
n'indiquaient pas clairement que ⟨⟩ devait être lu

comme un chiffre. Or ce doute ne pouvait exister lorsqu'on voyait ce même caractère répété quatre fois de suite, comme dans la première série que j'ai citée; dans ce cas, le clou était inutile, tandis qu'il pouvait être nécessaire dans la seconde série, où ⬦ ne paraît qu'une fois. C'est même, si je ne me trompe, la raison pour laquelle nous voyons, dans le premier cas, ce même clou précéder les deux signes ⬦ et ⬦, qui ont certainement des valeurs phonétiques, mais qui là, peut-être, sont employés comme chiffres.

Cette raison est encore bien plus évidente, lorsqu'à la place du signe ⬦ on a employé, dans les mêmes passages, ses équivalents ⬦ ou ⬦, qui sont indubitablement des lettres. On trouve en effet, dans les inscriptions des pavés, la seconde série de chiffres écrite ainsi :

⬦ ⬦ ⬦ ⬦ ⬦ ⬦

Dans ce cas, il fallait nécessairement indiquer que le premier signe ne devait pas être pris là comme lettre et c'est, je crois, dans ce but qu'on a mis le clou isolé. Les personnes qui ne connaissaient pas l'équivalence des signes ⬦ et ⬦ ont été trompées par cette marque distinctive qu'ils ne croyaient applicable qu'aux noms propres, et elles en ont cherché un dans cette combinaison de signes, qui certainement ne représente qu'un nombre.

Les inscriptions trilingues nous fournissent d'autres

preuves de l'emploi du clou isolé autrement que comme indication des noms propres. Examinons d'abord le nom de Cyrus dans la courte inscription de Pasagarde; cette légende commence par deux lettres semblables ; si, pour expliquer ce fait, on suppose que la première représente le titre honorifique *kei* ou le pronom, alors ces mots se trouveront précédés du clou vertical, et cependant ce ne sont pas des noms propres. Si on ne veut pas admettre cette explication, il faudra considérer ces deux signes semblables comme n'en faisant qu'un seul, car le nom de Cyrus ne comporte pas deux lettres pareilles au commencement. Dans ce cas, on sera forcé d'admettre que les clous, en apparence isolés, font réellement, comme je le crois, partie des signes , auxquels ils sont juxtaposés, et qu'ainsi le nom de Cyrus est privé de la marque distinctive des noms propres.

Il y a plus; si l'on veut voir des noms propres dans tous les groupes de caractères précédés du clou vertical, il est évident que la colonne assyrienne des inscriptions trilingues ne représente pas du tout le texte zend. Dans presque toutes, en effet, cette prétendue marque des noms propres se trouve à des places où aucun personnage n'a pu être nommé; je citerai pour exemple les lignes 21, 22, 23, 24 de l'inscription de Nakchi-Roustâm. Mais il y en a un plus remarquable encore à la fin de la ligne 7 de l'inscription trilingue de Van, exemple indubitable,

puisqu'il se reproduit dans les excellentes copies
d'une autre inscription prise à Persépolis par
MM. Rich et Westergaard. (Wester. tab. XVI, l. 6,
et Rich, tab. XXII, l. 6.) En jetant les yeux sur ces
inscriptions, on y verra, aux lignes indiquées, le
clou ⟨ dans une situation où il est impossible de
supposer la mention d'un personnage; pour moi, je
ne doute pas que dans cet endroit le clou vertical
n'indique, comme dans mes inscriptions, que les
caractères suivants, ⟨⟨⟩⟨ , sont employés comme
chiffres et représentent le nombre des pays ou sa-
trapies soumis à Xerxès ou à Darius; le mot qui
vient après est en effet celui qui doit signifier ville ou
pays. Il y a même dans les inscriptions assyriennes
de Van quelques endroits dans lesquels il est difficile de ne pas croire que les caractères ⟨⟩⟨ et ⟨⟨
servent de chiffres.

Quelle que soit la valeur de cette dernière conjecture, il me paraît certain que le clou vertical a
pu servir à indiquer, soit des chiffres, soit d'autres
choses que nous ignorons encore; par conséquent,
on a tort de chercher des noms propres partout où
il se rencontre, et l'absence de ce signe ne doit pas
empêcher d'en voir là où il manque.

76.

⟨⟨ = ⟨⟨ * ⟩⟩⟨ 1. ⟨⟨⟩ 3. ⟨⟨⟨ 1. ⟨⟨⟨ i. ⟨⟨⟨ ?

Le signe ⟨⟨ est un de ceux dont la valeur semble
le mieux déterminée, et tout le monde est d'accord

pour en faire, soit la voyelle *a*, soit une aspiration
semblable au *he* des Hébreux. Dans mes inscriptions,
comme dans celles de Persépolis, ce caractère est
très-souvent supprimé, indice qui confirme sa valeur
de voyelle. Il est possible que quelquefois il soit
employé comme chiffre, car je l'ai vu répété trois
fois de suite au commencement même d'une inscription, et l'on ne peut supposer qu'un mot ait commencé par trois lettres semblables. Le signe 𒅆 peut
aussi représenter des abréviations, du moins, il
semble que, dans quelques inscriptions de Persépolis, on ne trouve que ce caractère à la place du mot
qui doit signifier fils; enfin, j'ai déjà fait remarquer
que, deux fois répété, il constitue la terminaison de
beaucoup de noms de pays, soit à Khorsabad, soit
à Persépolis.

La forme 𒅗 est une variante très-commune du
signe 𒅆 isolé ou en composition, et cette substitution a lieu même dans d'autres inscriptions que
celles de Ninive, comme sur la pierre de Michaud,
par exemple; on y voit les formes 𒅗 et 𒂍𒅗, au
lieu des signes 𒅆 et 𒂍𒅆.

Parmi les autres équivalents de 𒅆, il n'y a que
𒂍 qui soit commun; cette substitution se remarque surtout dans le mot 𒅆 𒀭 ou 𒂍 𒀭
dont j'ai déjà parlé. Une seule fois, j'ai vu ⟶ à
la place de 𒅆, mais les personnes qui veulent faire
une voyelle du premier de ces deux signes n'en
verront pas moins dans ce fait une confirmation de
leurs opinions. Quant au signe 𒍩, il est si rare et

si inégalement distribué dans les textes, que je ne
puis m'empêcher de croire que ce n'est pas un signe
phonétique, mais un chiffre ou une abréviation.

77.

$$\text{𒀸} = \text{𒀸}\,2.\;\text{𒀸}\,1.$$

$$\text{𒀸} \text{𒀸} = \text{𒀸} \text{𒀸}\,1.$$

$$\text{𒀸} \text{𒀸} = \text{𒀸} \text{𒀸}\,2.$$

78.

$$\text{𒀸} = \text{𒀸}\,1.$$

$$\text{𒀸} \text{𒀸} = \text{𒀸}\,1.$$

$$\text{𒀸} \text{𒀸} = \text{𒀸}\,2.$$

$$\text{𒀸} = \text{𒀸}\,2.$$

79.

$$\text{𒀸} = \text{𒀸}\,1.$$

$$\text{𒀸} \text{𒀸} = \text{𒀸}\,1.$$

80.

$$\text{𒀸} = \text{𒀸}\,2.\;\text{𒀸}\,1.$$

$$\text{𒀸} \text{𒀸} = \text{𒀸}\,1.$$

81.

82.

J'ai déjà parlé des équivalents du coin isolé ◄,
et je n'ai pas d'observations à ajouter. Je me bornerai à dire que les inscriptions trilingues nous
donnent un exemple de la substitution du coin à
un autre signe que ceux que j'ai notés d'après mes
inscriptions. En comparant les planches XIV et
XVIII de Westergaard, on verra qué le mot représentant le zend *wazarka* y est écrit

dans la première, et dans la seconde : le
simple coin est donc substitué dans cet endroit à
. Cet échange n'a rien d'étonnant puisque,
dans les inscriptions de Khorsabad, le coin unique
se substitue à , qui, ainsi que nous l'avons
vu, s'échange de même avec ; c'est une confirmation de ce que j'ai dit au sujet de l'identité de
valeur des signes et . On y verra

aussi, je pense, une preuve très-forte de l'identité des écritures assyriennes de Persépolis et de Ninive.

83.

$$ \text{◀◀} = \text{⟠⟠⟠} * \text{⊟} \, 4. \, \text{◈} \, 1. $$

J'ai déjà fait voir que les deux coins ◀◀ étaient un équivalent certain du signe ⟠⟠⟠, et par conséquent qu'ils représentaient souvent le mot *roi;* je ne crois pas qu'il puisse rester de doute à cet égard dans l'esprit de personne. Les deux autres variantes ⊟ et ◈ montrent que ces deux coins peuvent encore servir à représenter des lettres, et nous en avons d'ailleurs la preuve dans les inscriptions trilingues, puisqu'ils y remplacent la syllabe *ni* dans le nom d'Achéménide. Il faut donc, je crois, être très-prudent lorsqu'il s'agit de déterminer la valeur de ce signe dans un cas donné.

Admettant que les deux coins ◀◀ représentaient le titre royal, j'ai dit que, dans les inscriptions assyriennes de Van, ils avaient été, selon toute probabilité employés de la même manière, et j'en avais cité un exemple; comme ce fait est important, je vais en citer un autre plus concluant. La planche Ire de Schulz nous offre, sous le numéro 1, une inscription malheureusement très-fruste, mais qui cependant me paraît mériter l'attention. A en juger d'abord par le clou perpendiculaire, on y voit deux noms propres que je crois pouvoir rétablir ainsi, en comparant les lignes 1, 5 et 7 où ils sont répétés :

𒁹 ⟼ ⊢𒈨 ⊟𒄩 𒀉 𒁹 𒌍 ⊢𒂖 ⊟𒈨
⊢𒈨

Il est à remarquer que le premier de ces deux
noms est terminé par le signe 𒈨, qui, dans quelques
inscriptions trilingues, est le seul signe indiquant
la relation de parenté entre les personnages ; il y a
donc, par cela seul, quelque raison de croire que
nous avons ici les noms de deux individus, dont le
premier était fils du second.

A la suite de ces deux groupes de signes, viennent
les deux coins ⪡, répétés plusieurs fois, et, ce qui
est plus remarquable, ils sont chaque fois suivis des
mêmes signes que dans les inscriptions de Khorsabad ; ainsi, à la fin de la première ligne, après l'*r*
qui termine le nom, viennent les signes

⪡ ⊟⊢ ⊟ . . . . ⪡ ⊟𒈨 ⤝ ⪡𒁹⪡

A Khorsabad et à Nemroud on a

⪡ ⊟⊢ ⊟𒈨⊧ ⪡ ⊟𒈨 ⤝ ⪡𒁹⪡

A la ligne 5 de l'inscription de Van, les mêmes noms
sont répétés, mais à cet endroit, le second est suivi
de ⪡ ⪡𒁹⤙⪥, ce qui représente exactement les
signes persépolitains 𒈨𒁹 𒈨𒁹 𒁹𒌍 dont la signification est certainement *roi des rois*. Je ferai observer en outre que le mot ⊟⊢ ⊟𒈨⊧, qui dans
les inscriptions de Van et de Khorsabad suit les
deux coins ⪡, est le même que ⊟⊢ ⊟𒈨, que

à Persépolis suit le monogramme . Nous avons vu, en effet, que les signes  et  sont équivalents, et que le second, n'ayant pas été employé dans les inscriptions trilingues, y est toujours remplacé par .

Ce sont ces raisons qui m'ont engagé à voir des épithètes dans ces groupes de signes suivant le monogramme royal 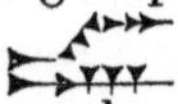 ou son abréviation . Je sais cependant que, selon MM. Rawlinson et Layard, le premier de ces groupes représente le nom même du roi : ils se fondent sur ce que ces signes varient dans les inscriptions sur pierres ou sur briques découvertes dans les divers monuments déterrés jusqu'à présent; ainsi, selon eux, le roi qui a bâti le palais de Khorsabad serait

celui qui a construit un des monuments du monticule nommé Koyoundjouk serait

enfin, le fondateur d'un des monuments de Nemroud aurait été

M. Layard m'a même écrit qu'il a trouvé dans ses inscriptions des listes d'après lesquelles il a pu établir la généalogie de tous ces personnages. On conçoit qu'ignorant complétement les raisons sur

— 127 —

lesquelles cette opinion est fondée, je doive m'abs-
tenir de la contredire; d'ailleurs, toute discussion
relative à la lecture des noms propres contenus dans
les inscriptions de Khorsabad, Persépolis, etc. sera
mieux placée après l'exposition complète du catalogue des variantes. Pour le moment, je me contenterai de faire remarquer que si les signes ⟪𒀭⟫
⟪𒄑⟫ représentent le nom d'un roi assyrien, ce nom a certainement contenu, comme partie
intégrante, le mot même qui signifie roi; en outre,
et cela serait plus extraordinaire, ce nom serait très-
souvent remplacé par une abréviation, puisque dans
le même monument il est tout aussi fréquemment
écrit ⟪𒀭⟫ ⟪𒄑⟫. Nous saurons à quoi nous en tenir
sur ce sujet lorsque M. Rawlinson aura publié ses
découvertes.

83.

⟪𒁹⟫ = ⟪𒈾⟫ ⟪𒀭⟫ 2.

84.

⟪𒁹⟫ = ⟪𒈾⟫ * ⟪𒀭⟫ * ⟪𒀭⟫ 1. ⟪𒀭⟫ 1. ⟪𒀭⟫
⟪𒀭⟫ ⟪𒈾⟫ 2.

⟪𒀭⟫ ⟪𒈾⟫ = ⟪𒀭⟫ ⟪𒈾⟫ 2.

⟪𒀭⟫ ⟪𒈾⟫ = ⟪𒀭⟫ ⟪𒈾⟫ 1.

Le signe ⟪𒈨⟫ est, comme on le sait, à Persépolis, la marque du pluriel; à Khorsabad, la forme

⊢◅◅ est plus commune, mais on y rencontre fréquemment aussi la forme persépolitaine ⊢◅◅; celle-
ci n'est même qu'une simple variété d'une forme
très-commune à Khorsabad ⊢►◅◅.

Je n'ai aucune donnée sur la valeur phonétique
de ce signe qui, cependant, a certainement été employé comme lettre, puisqu'il a pu être remplacé
par des caractères indubitablement phonétiques;
l'un de ces caractères est ⊱⊤⫙, qui est certainement
une voyelle, d'où l'on pourrait conclure que ⊢◅◅
en est une également. Cette conjecture serait appuyée
par le fait de la suppression très-fréquente du signe
⊢◅◅; mais, sur d'aussi faibles indices, il est impossible de baser aucune détermination certaine.

85.

◅⊑ = ◅⊟ * ⊢— 4. ►◅ 3.]⊟ 1.

◅⊑ ⊣►⪢ = ⊢ ⪡►⪢ 2.

Je n'ai qu'une remarque à faire sur ce signe,
c'est que sa variante ◅⊟ concourt à prouver
que le nombre des clous est, dans quelques caractères, à peu près arbitraire; c'est ce que nous avons
déjà fait voir pour les signes ⊨⫙⊨, ⊟⫙⊨.

86.

◅⊔ = ⊿⊢ 3.

◅⊔]⊟ = ⊣⫙⊟ ⊱⊔ 1.

〔cuneiform〕 = 〔cuneiform〕 1.

〔cuneiform〕 = 〔cuneiform〕 2.

〔cuneiform〕 = 〔cuneiform〕 1.

〔cuneiform〕 = 〔cuneiform〕 1.

Ce signe n'a qu'une seule variante dont la forme est presque exactement celle du signe 〔cuneiform〕 que l'on remarque parmi ceux qui représentent le mot *terre* dans les inscriptions trilingues.

A cause de la similitude des formes, on aurait pu croire que 〔cuneiform〕 s'échangerait avec 〔cuneiform〕 ; mais il n'en est rien comme on le voit. Les équivalents de celui-ci sont tout différents, puisque ce n'est qu'une des formes du signe 〔cuneiform〕, dont les équivalents certains sont 〔cuneiform〕, 〔cuneiform〕, etc.

87.

〔cuneiform〕 = 〔cuneiform〕 * 〔cuneiform〕 2. 〔cuneiform〕 1. 〔cuneiform〕 1.

〔cuneiform〕 〔cuneiform〕 = 〔cuneiform〕 1.

〔cuneiform〕 〔cuneiform〕 = 〔cuneiform〕 1.

〔cuneiform〕 〔cuneiform〕 = 〔cuneiform〕 1.

L'équivalent le plus remarquable du signe 〔cuneiform〕 est 〔cuneiform〕 ; les numéros 88 et 89 vont nous montrer que les signes analogues à 〔cuneiform〕 sont également remplacés par des variantes voisines de 〔cuneiform〕; 〔cuneiform〕

— 130 —

par ⟨cuneiform⟩ et ⟨cuneiform⟩ par ⟨cuneiform⟩. Ce fait est intéressant, parce qu'il fait disparaître une des rares
différences entre l'écriture assyrienne de Van et
celle de Khorsabad; dans les inscriptions de Schulz,
en effet, la forme ⟨cuneiform⟩ et ses congénères (souvent
faites ainsi ⟨cuneiform⟩, ⟨cuneiform⟩) sont très-fréquentes,
tandis qu'on ne voit jamais les formes ⟨cuneiform⟩, etc.
On ne pourrait certainement se douter de l'identité
de ces signes, si, dans mes inscriptions, on ne les
voyait pas fréquemment employés les uns à la place
des autres.

88.

⟨cuneiform⟩ ⟨cuneiform⟩ * ⟨cuneiform⟩ * ⟨cuneiform⟩ 1.
⟨cuneiform⟩ ⟨cuneiform⟩ = ⟨cuneiform⟩ *
⟨cuneiform⟩ ⟨cuneiform⟩ = ⟨cuneiform⟩ 2.

89.

⟨cuneiform⟩ = ⟨cuneiform⟩ * ⟨cuneiform⟩ 1. ⟨cuneiform⟩ 1. ⟨cuneiform⟩ 1.
⟨cuneiform⟩ 1. ⟨cuneiform⟩ 1. (⟨cuneiform⟩ *)

Je ne ferai qu'une observation sur ce signe : ce
doit être un mot ou l'abréviation d'un mot, un
pronom ou une particule; je suis conduit à faire
cette conjecture, parce que je le vois souvent remplacé par un assemblage de trois signes. Comme
ces signes varient eux-mêmes légèrement, je vais
donner toutes les variantes.

Ces variantes sont curieuses, parce qu'elles montrent tout à la fois l'échange des signes, la substitution des clous horizontaux aux six coins, et la suppression dans un cas de deux de ceux-ci. Selon les idées que j'ai proposées, ces trois signes représenteraient le mot اخر, mais je suis très-loin de vouloir rien affirmer.

90.

91.

Je n'ai rien de particulier à dire sur les paragraphes 90 et 91, et je passe à une série remarquable de signes, ceux qui sont en grande partie constitués par l'encadrement.

92.

$$☐ = ⊟ ⌂$$

$$⫶☐ = ⫶⟞ _3.$$

On s'aperçoit, au premier coup d'œil, que l'encadrement ⌂, très-commun à Ninive, ne se trouve
pas dans les inscriptions trilingues, ni dans les inscriptions assyriennes de Van; il y est, selon moi,
représenté par la forme ⊓. Nous allons voir des
preuves nombreuses à l'appui de ce rapprochement.

93.

$$⌂ = ⊟ \ast ⊟ _1. ⊟ _1. ⊟ _1. ⌂ _2.$$

$$☐ _3. ⊬ _1. ⊟ _2.$$

$$⫸ ⌂ = ⊟ ⊢ ⊣ _2.$$

94.

$$⌂ = ⊟ _1. ⌂ \ast ⊟ \ast$$

$$⌂ ⚏ = ⊐$$

$$⌂ ⤬ = ⊢ ⤬ _4.$$

Les signes ⊓⊓ et ⌂ sont au nombre des plus

embarrassants, parce qu'ils sont d'un emploi très-fréquent, et qu'ils paraissent susceptibles de recevoir des valeurs inconciliables. Je ferai d'abord observer qu'ils ne diffèrent que par l'adjonction d'un coin ◀ au second signe; aussi ce dernier est-il très-souvent figuré ainsi ⬚ ou ⬚. Il faut ensuite observer que cette différence, étant très-légère, a pu amener quelquefois une confusion entre ces deux signes eux-mêmes, ou entre leurs variantes respectives. C'est ainsi que j'ai trouvé deux fois ⬚ substitué à ⬚, et que j'ai trouvé également deux fois la variante ⬚ attribuée à ⬚, quoique en réalité elle n'appartienne qu'à ⬚. Deux seuls exemples de pareilles substitutions sont en réalité peu de chose en comparaison de l'emploi extrêmement fréquent de ces caractères, et l'on est en droit de les attribuer à la confusion produite par la ressemblance des formes. Je crois donc qu'il faut élaguer la plupart des variantes du signe ⬚, telles que ⬚, ⬚, etc. Il ne nous restera alors pour ce signe qu'un seul équivalent certain, savoir : ⬚ (⬚ est probablement une faute.)

Pour le signe ⬚, il faut d'abord retrancher l'équivalent ⬚, qui appartient à un autre caractère ⬚, et qui ne me paraît avoir été substitué à ⬚ que par erreur; il nous restera alors pour ce signe deux équivalents certains ⬚ et ⬚, qui n en sont évidemment qu'un seul. Nous aurons donc :

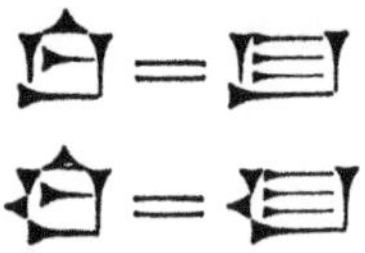

On voit que les équivalents, comme les types, ne diffèrent en réalité que par l'adjonction d'un coin 

Les deux caractères  et  ne paraissent pas avoir été employés à Persépolis; ils y sont représentés, selon moi, par deux variantes très-rapprochées des équivalents  et  savoir  et  ; je ne crois pas me tromper en regardant ces signes comme semblables.

Dans l'écriture assyrienne de Van, on trouve les mêmes variantes qu'à Persépolis; seulement la seconde se rapproche encore plus de la forme ninivite. Ces signes sont  et . On peut en voir des exemples dans la IIe planche de Schulz, n° v, lig. 3, 32, 33, etc.

Avant de discuter la valeur probable de ces signes, il est essentiel de faire observer qu'ils se rencontrent, ainsi que leurs variantes, très-fréquemment à la fin des lignes; par conséquent, il y a tout lieu de croire qu'ils constituent des terminaisons de mots très-communes. Or, si les rapprochements que j'ai faits plus haut sont justes, le signe ninivite  doit être un *h* ou un *k*, puisque l'équivalent per-

sépolitain ▣ est la première lettre du nom de
Cyrus. Le signe ▱ et son équivalent ▱, ne
diffèrant que par l'adjonction du coin, ◂, seraient
ou une aspiration plus forte, ou un *k* aspiré. Nous
devrions donc admettre que, dans la langue assyrienne, beaucoup de mots ont été terminés par une
forte aspiration ou par un *k*; n'est-il pas remarquable
que ce soit précisément le même cas pour le
pehlvi? Le mémoire de M. Müller (*Journal asiatique*, IIIe série) nous apprend en effet que, dans
cette langue, les mots qui en persan prennent le *s*,
sont terminés par un *k*, et que cette lettre, à une
certaine époque, a certainement dû être prononcée :
ce fait n'est pas sans importance.

La terminaison en ▱ se remarque à la fin de
quelques noms de pays, dans l'inscription de Nakchi-
Roustâm, et, entre autres, dans celui dont on fait le

nom de l'Assyrie ▸▸▿ ◈ , nom qui se retrouve

dans les inscriptions de Khorsabad sous la forme
▸▸▿ ◂▱, comme l'a déjà annoncé M. de Long-
perrier. C'est même sur la forme de ce nom, dans l'inscription de Nakchi-Roustâm, que quelques personnes
se basent pour attribuer à Ninus lui-même la fonda-
tion du palais de Nemroud. On dit que ce nom est
formé de deux lettres de même valeur et ne peut, par
conséquent, représenter *Assur*, mais bien *Ninive*. Le
signe ▱ serait alors une *n*, mais j'avoue ignorer

complétement sur quelles raisons on peut fonder cette détermination. Il me paraît certain que si le nom de Ninive se trouve dans les groupes ci-dessus, il y est représenté uniquement par le premier ▶━▼▼, le second étant une terminaison. Mais je suis loin de rien affirmer, car il se peut que le signe ⟨signe⟩ soit la marque d'un pluriel sémitique et re-présente, par conséquent, la lettre *n*.

Si le signe ⟨signe⟩ était un *k*, il en résulterait une preuve assez forte en faveur de l'attribution à Sar-goun du monument de Khorsabad. Un exemple ajouté montre en effet le signe ⟨signe⟩ comme équi-valent de ⟨signe⟩ ⟨signe⟩, qui seraient *k*, *n*; en admet-tant que le monogramme royal se prononçât *sar*, on obtiendrait pour le nom ⟨signe⟩ la valeur *sarkn*.

J'ai déjà fait observer ailleurs que, dans cette manière d'écrire ce nom propre, le signe ⟨signe⟩ était l'abrégé des signes ordinaires ⟨signes⟩, dans lesquels le dernier est considéré comme une *n*, et j'ai dit que cela expliquait pourquoi ce même signe ⟨signe⟩ se substituait également à ⟨signe⟩ ⟨signe⟩, groupes contenant aussi une *n*. Dans tous les cas, il est évident que ⟨signe⟩ ne peut être un *d* comme on l'a prétendu.

95.

⟨signe⟩ = ⟨signe⟩ 4. ⟨signe⟩ ⟨signe⟩ 2. ⟨signe⟩ 1.

⊨⊢⊞ = ⊨⊢⊩⊤⊤ 3.

⊢⊞ ◁⊢⊞ = ◁⊤ ⊢⊨⊢⊞⊢ 1.

◁⊢⊞ = ⊨⊞ 1.

◁⊢⊞ = ◁⊢⊟⊤⊤ 2.

◁⊢⊞ = ◁ 4.

J'ai déjà eu occasion de parler du signe ⊞, et
j'ai dit que l'on pourrait peut-être lui attribuer la
valeur de *r*; mais cette supposition ne se fonde que
sur l'équivalence des groupes ⊨⊞ et ⊨⊩⊤⊤.
Cette raison est loin d'être convaincante à mes yeux,
car ces deux groupes peuvent représenter des mots
différents, mais de sens semblable.

J'ai assimilé le ninivite ⊞ au persépolitain ⊞,
et je crois que personne ne se refusera à reconnaître l'identité de ces deux caractères; j'ai montré
également que, dans le mot *roi*, à Khorsabad, le
signe ⊓ représentait le signe ⊤⊤, qui se trouve
dans le même mot à Persépolis; aussi, quoique je
n'aie pas de preuves directes à l'appui de mon opinion, je pense qu'on ne trouvera pas trop hardi le

rapprochement que je fais entre tous les signes formés à Ninive par l'encadrement ⌂ et ceux des inscriptions trilingues qui sont encadrés par ⌐⌐, rapprochement confirmé d'ailleurs par la grande ressemblance des variantes respectives. Le petit tableau suivant en rendra la justesse évidente.

Persépolitain.   Ninivite.

Il est à remarquer que ces signes, quoique étant d'une forme assez semblable, ne s'échangent pas les uns avec les autres, ou du moins les exemples de substitution sont assez rares pour qu'on puisse, sans crainte de se tromper, les attribuer à des erreurs.

Cela est surtout vrai pour les signes ⊟, ⊟; aussi, lors même qu'il serait certain que le premier, ⊟,

fût l'équivalent de ⬚, première lettre du nom de
Cyrus, et eût par conséquent la valeur de *h*, il serait
très-possible que le second eût une valeur différente;
il me semble même que, dans l'inscription de la
pierre de Michaud, on voit, en comparant les
lignes 5 et 7, un exemple de la substitution de ⬚,
variante de ⬚, à ►►┭. Ce dernier signe étant
regardé comme une *n* par quelques personnes, c'est
peut-être la raison qui les a engagées à voir le nom
de Ninus dans les groupes ►►—▽ ⬚ de l'inscription de Nakchi Roustâm. Je ne puis contredire cette
opinion par des raisons péremptoires, et en cela,
comme en tout, je reste dans le doute jusqu'à ce
que nous ayons de nouveaux éléments pour nous
déterminer.

96.

⬚ = ⬚ * ⬚ * ⬚ * ⬚ *
⬚ 1. ⬚ 1.? ⬚ 1.? ⬚ *
►⬚ = ►⬚ 2.
►►⬚ = ►►⬚ * ►►┭ 1.

On voit que le signe ⬚ a quatre équivalents
indubitables, dont l'un est le *d*, tel qu'il est fait dans
les noms de Darius et d'Ormuzd à Persépolis; j'ai
même donné précédemment tous les passages de la

forme ninivite ⟦⟧ à ⟦⟧. Toutes ces formes
dans mes inscriptions sont très-communes et s'é-
changent constamment les unes avec les autres; cependant, en général, quand l'une est employée dans
une inscription, elle s'y rencontre seule.

Les trois variantes ⟦⟧, ⟦⟧, ⟦⟧, sont probablement des fautes; quant à la dernière, cependant,
comme on en fait un *z*, on peut voir, dans cet exemple
unique de substitution au *d*, une preuve à l'appui
de cette détermination.

Je crois, sans doute avec tout le monde, que le
signe ⟦⟧, qui ne se rencontre pas dans les inscriptions trilingues, y est représenté par ⟦⟧. J'en doute
d'autant moins, qu'on rencontre des composés analogues dans lesquels entrent ces deux formes; ainsi, on
trouve à Ninive ⟦⟧ et ⟦⟧, au lieu des groupes
persépolitains ⟦⟧ et ⟦⟧.

L'échange de ⟦⟧ avec ⟦⟧ ou avec ses équivalents, ne permet pas de douter que ce ne soit un *d;*
mais plus j'avance dans cette étude et plus je suis
convaincu qu'il ne faut pas donner aux caractères
des valeurs trop absolues, et qu'ils peuvent, au
contraire, représenter des lettres différentes, mais
passant graduellement de l'une à l'autre. Ainsi, les
signes ⟦⟧, ⟦⟧, etc. sont probablement des *d*,
mais quelques-uns, ou peut-être tous, peuvent
prendre la valeur de *s* en passant par le *z*. De même,

les signes ◁𝖨, ⣌🗎, ▸◀▸◀, etc. sont des *t*, mais ils arrivent à la valeur de chuintantes en passant par le *th*.

Il m'a semblé que, dans les inscriptions trilingues, le signe 𝖸 qui représente, selon moi, le ninivite 𝖸𝖸, s'employait comme adjectif conjonctif et comme marque du génitif; peut-être même sert-il aussi à former des adjectifs, exactement comme le *d* en syriaque et en chaldéen; tel est du moins le résultat de l'analyse que j'ai faite des inscriptions dont on a la transcription en zend. Ce fait a été également remarqué par d'autres personnes, et c'est là certainement une preuve très-forte en faveur de l'origine sémitique de la langue assyrienne.

Le signe 𝖸𝖸 a été employé dans les inscriptions babyloniennes et dans celles de Van.

97.

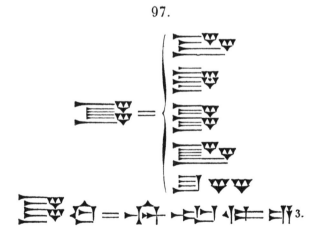

Le type ci-dessus est un des plus remarquables, non-seulement à cause de sa complication, mais encore de sa rareté. Il ne se trouve jamais qu'une seule fois dans mes inscriptions, et toujours à la même place; il me semble, en conséquence, que ce ne peut être un signe phonétique, mais une abréviation représentant quelque terme important, comme serait le nom d'une divinité, d'un roi, d'un empire, etc. Dans toutes les inscriptions où je l'ai trouvé, ce signe est suivi de la terminaison qu'on remarque également à la fin de plusieurs noms de pays à Nakchi Roustâm, et dont l'un passe pour celui de l'Assyrie. Lorsqu'au contraire ce signe ne se trouve pas à sa place ordinaire, la terminaison manque également, et tous les deux sont remplacés par une suite de caractères que j'ai donnée plus haut. Je ferai remarquer, en passant, que cet assemblage de signes nous fournit de nouveaux exemples de la substitution mutuelle des groupes et .

J'ai fait d'inutiles efforts pour deviner ce que pouvait représenter ce groupe; je n'ai pu y parvenir : je présume seulement qu'il est formé de la réunion de deux groupes semblables ;

je crois même l'avoir rencontré sous cette forme,
mais je ne puis l'assurer, parce qu'ayant voulu
vérifier ce fait, je n'ai pu retrouver l'exemple. Quant
à la substitution de ⟦signes⟧, elle est certaine.

98.

⟦signes cunéiformes⟧ 1.

⟦signes cunéiformes⟧ 2. ⟦signes cunéiformes⟧ 1. ⟦signe⟧ *

⟦signes cunéiformes⟧ ? ⟦signes⟧ 1.

⟦signes cunéiformes⟧ 1.

⟦signes cunéiformes⟧ 2.

⟦signes cunéiformes⟧

⟦signes cunéiformes⟧

Le signe ⟦signe⟧ est très-souvent remplacé par ⟦signe⟧,
et, en jetant les yeux sur les inscriptions babyloniennes, on verra que cette dernière forme est
la seule employée dans cette écriture. Pour être
convaincu de l'équivalence de ces deux caractères,
il suffit de remarquer qu'ils sont tous deux employés
pour former des composés équivalents; ainsi ⟦signe⟧
remplace ⟦signe⟧, et ⟦signe⟧ se substitue à ⟦signe⟧
⟦signe⟧. En se rappelant ce fait on pourra ramener

à des signes ninivites beaucoup de caractères babyloniens.

Lorsque j'ai commencé ce travail, j'étais porté à
croire que le signe ⟨⟩ avait pour
équivalent un autre signe assez rare à Khorsabad,
savoir : ⟨⟩, et je croyais avoir des
exemples certains de substitution; mais, ayant voulu
en vérifier l'exactitude, je n'ai pu en retrouver de
bien authentiques, et, en conséquence, je crois m'être
trompé. Cette équivalence supposée entre ⟨⟩
et ⟨⟩ m'avait conduit à exprimer sur
une lecture du nom de Xerxès une critique qui me
paraît actuellement ne reposer sur rien. J'assimilais
le signe ⟨⟩ au persépolitain ⟨⟩
qui se trouve dans le mot *homme* (Westergaard,
pl. XVII, lig. 2), et qui doit être une chuintante
si ce mot est *anosch ;* comme, d'ailleurs, il ne me
semble pas douteux que les caractères ninivites ⟨⟩
⟨⟩ ou ⟨⟩ ne représentent le persépolitain ⟨⟩, j'en concluais que ce dernier devait,
dans le nom de Xerxès, avoir la valeur de *ch ;* mais
aujourd'hui ces diverses analogies, excepté celle de
⟨⟩ et ⟨⟩, me paraissent trop forcées
pour être soutenables.

Le signe ⟨⟩ est généralement regardé comme
un *k* ou un *kh ;* s'il en est ainsi, il est bien extraordinaire qu'il ne se trouve presque jamais isolé, et
qu'il soit au contraire un des signes les plus communs
en composition. Je ne crois pas que, dans les ins-

criptions de Khorsabad, il y ait un seul exemple bien authentique de l'isolement de ce caractère; il en est à peu près de même dans les inscriptions trilingues où ce caractère ne se rencontre certainement isolé que dans le nom de Xerxès. J'ai actuellement passé en revue les variantes qui se rattachent aux signes les plus usités. Sans doute j'ai laissé échapper des erreurs, soit de copie, soit de détermination, et j'ai déjà eu occasion d'en reconnaître quelques-unes, que je rectifierai bientôt. J'espère que le lecteur, qui aura égard à la difficulté de la tâche, me pardonnera des fautes inévitables dans ce genre d'étude.

Je pourrais étendre beaucoup ce catalogue, mais sans grande utilité, je crois; je vais en donner une table qui permettra au lecteur de chercher si un caractère qu'il rencontrera dans une inscription n'a pas quelque équivalent d'une valeur déjà connue; en outre, pour répondre au désir de plusieurs personnes, je joindrai à chaque équivalent le numéro des planches et des lignes où se trouvent les exemples de substitution.

Pour faire cette table, je suivrai l'ordre du catalogue raisonné que je viens d exposer, et qui est basé sur la prédominance d'un élément dans le signe ; sauf quelques exceptions dont j'ai rendu compte, ces éléments sont par ordre.

— 146 —

TABLE.

1*.

⊢— = ⊢ XII, 42. — XVI, 63.
Id. 55. — *Id.* 70.
XLIX, 46. — XLII, 61.
XXXIX, 75. — XLIII, 93.
XXVI, 13, 16. — XL, 19, 22.
XXXVIII, 50. — XLVI, 58.

2.

⊢ = ⊬ XII, 12. — XVI, 19.
(Revers des plaques.)
V. n° 51.

3.

= V. n° 41.

4.

— = ⊢ XII, 12. XVI, 18.
Id. 13. — XIX, 17.
XII, 36. — XVI, 56.
XXXVI, 12. — XL, 17.

5.

= XII, 12, 46. — XVI, 17, 69.
XVIII, 17. — XIX, 21.
XII, 44. — XVII, 54.

* Les exemples indiqués sont tirés des inscriptions découvertes à Khorsabad; le chiffre romain indique la planche, et les chiffres arabes les lignes de l'inscription ou se trouvent ces exemples.

6.

⬜ = ◇ XXI, 10. — XV, 10.

V. n° 39.

7.

⬜ = ⬜ V. n° 53.

8.

⬜ V., n°ˢ 18, 34, 51.

9.

⬜ = ⬜ XVIII, 6. — XIX, 8.

XXXVII, 31. — XLV, 34.

⬜ XXXVI, 15. — XL, 21.

10.

⬜ = ⬜ V. n° 84.

⬜ XII, 14. — XVI, 20.

Id. 40. — *Id.* 61.

⬜ XII, 16, 23, 29. — XVI, 24, 34,

42.

⬜ V. 4. — IX, 6.

V. 8. — IX, 11.

XVIII, 25. — XIX, 29.

Id. 2ᵉ col. 35. — *Id.* 2° col. 39.

⬜ XII, 14. — XVII, 18.

⬜ XXXVI, 3. — XL, 3.

11.

⬜ V. n° 122.

10

12.

V. n° 124.

13.

V. n° 123.

14.

V. n° 122.

15.

V. n° 1.

16.

═ XII, 41, 52, 56. — XVI, 61, 62, 66.

XII, 55. — XVI, 5, 2ᵉ col.

id. 41. — *Id.* 62.

17.

═ XII, 7, 13. — XVI, 9, 19. XVIII, 14, 23. — XIX, 18, 27.

18.

═ XVIII, 29. — XIX, 33. *Id.* 26. — XVII, 34. *Id.* 43. — *Id.* 57.

XII, 27. — XVII, 35. XXXVI, 20. XL, 28. VXXVIII, 37. — XLV, 41

— 149 —

19.

⟦cuneiform⟧ = ⟦cuneiform⟧ XII, 48. — XVII, 62.

⟦cuneiform⟧ XII, 32. — XVI, 47.

VIII, 33. — X, 29.

Id. 36. — Id. 30.

⟦cuneiform⟧ XII, 44. — XVI, 65.

⟦cuneiform⟧ XII, 32. — XVII, 44.

XVIII, 37. — XIX, 42.

⟦cuneiform⟧ XXXIX, 90. — XLIII, 109.

20.

⟦cuneiform⟧ = ⟦cuneiform⟧ XL, 17, 21. — XLVIII, 14, 17.

⟦cuneiform⟧ XII, 48. — XVII, 66.

Id. 54. — XVI, 69.

⟦cuneiform⟧ XL, 27. — XLVIII, 22.

21.

⟦cuneiform⟧ = ⟦cuneiform⟧ XXXVIII, 62. — XLII, 81.

Id. 69. — Id. 87.

⟦cuneiform⟧ XII, 52. — XVI, 1, 2° col.

⟦cuneiform⟧ XL, 25. — XLVIII, 21.

XLI, 45. — XLIX, 32.

22.

⟦cuneiform⟧ = ⟦cuneiform⟧ XII, 26, 43, 48. — XVI, 38, 64, 65.

⟦cuneiform⟧ XLII, 64. — XLIX, 49.

23.

◀╿ = ☰╿ XII, 41. — XVI, 62.
      Id. 42, 2° col. — XVI, 51, 2° col.
      Id. 19. — XVII, 21.
◀☰╿╿╿ XII, 11. — XVII, 12.
◀╿━ XII, 45, 2° col. — XVII, 57, 2° col.

24.

◀╞━ = ◀╿━ XXXI, 79. — XXXV, 75.
      Id. 86. — *Id.* 80.
      Id. 90. — *Id.* 83.
      Id. 100. — *Id.* 92.
      Id. 102. — *Id.* 93.
◀╞━ XXX, 62. — XXXIV, 59.
      Id. 71. — *Id.* 68.
      XXXI, 85. — XXXV, 79.
►╈ XXXIX, 84. — XL, 103.
☰╈ XXXVIII, 55. — XLII, 74.
      Id. 57. — *Id.* 76.
      Id. 65. — *Id.* 83.

☲╈ XXXIX, 94. — XL, 113.
      XLIII, 113. — LXI, 102.

25.

◀╞━ = V. n° 24.

26.

◀╿━ = ⊱╿━ XII, 16. — XVI, 23.
      Id. id. — XVII, 20.
◀╿ XII, 45. — XVII, 57.
◀╞━ V. n° 25.

27.

⧉ = ⧉ V. n° 19.

⧉ XII, 8, 2° col. — XVI, 15, 2° col.

Id. 10, *id.* — *Id.* 17, *id.*

⧉ XII, 32. — XVII, 43.

⧉ XXXIX, 92. — XLVII, 98.

Id. 92, 97. — XLIII, 111.

⧉ XXXVI, 7. — XL, 8.

⧉ XXXIX, 92, 93. — XLVII, 99, 99.

28.

⧉ = ⧉ XVIII, 13. — XIX, 17.

⧉ XII, 16. — XVII, 20.

29.

⧉ = ⧉ V. n° 2.

⧉ XII, 51. — XVI, 75.

⧉ XII, 16. — XVI, 23.

30.

⧉ V. n° 35.

31.

⧉ = ⧉ XII, 47, 2° col. — XVII, 61, 2° col.

32.

⧉ V. n° 18.

33.

⧉ = ⧉ XII, 30, 37. — XVI, 44, 56. V. n° 1.

34.
⟦sign⟧ = ⟦sign⟧ V. n° 23.

⟦sign⟧ XII, 34. — XVI, 52.

⟦sign⟧ XII, 8, 2ᵉ col. — XVI, 15, 2ᵉ col.

⟦sign⟧ XVIII, 37. — XIX, 42.
XXXVII, 42. — XLV, 48.

⟦sign⟧ VIII, 31. — X, 28.

⟦sign⟧ VIII, 5, 2ᵉ col. — X, 16.

⟦sign⟧ ⟦sign⟧ XII, 32. — XVI, 48.

35.
⟦sign⟧ = ⟦sign⟧ XII, 13, 2ᵉ col. — XVI, 20, 2ᵉ col.
Id. 56. — XVI, 71.

36:
⟦sign⟧ = ⟦sign⟧ XII, 16. — XVII, 21.
V. n° 10.

37.
⟦sign⟧ = ⟦sign⟧ XII, 30. — XVI, 44.
XII, 2ᵉ col. 8, 12, 29. — XVI, 2ᵉ col.
15, 19, 36.

38.
⟦sign⟧ = ⟦sign⟧ XII, 3, 5. — XVII, 4, 6.
⟦sign⟧ XXXVI, 5, 6. — XLIV, 5, 6.

39.
⟦sign⟧ = ⟦sign⟧ V. n° 51.
⟦sign⟧ V. n° 2.
⟦sign⟧ XXXIX, 78. — XLIII, 91.

40.

𒀹 = V. n° 34.

41.

𒀹 = 𒀹 XII, 8, 2ᵉ col. — XVII, 9, 2ᵉ col.
XVIII, 20. — XIX, 23.

42.

𒀹 = 𒀹 XXXVII, 28. — XLV, 31.
𒀹 XXXVI, 9. — XLIV, 11.
𒀹 XII, 48. — XVI, 72.

43.

𒀹 = 𒀹 XXXVI, 20. — XL, 29.
XII, 16, 17, 23, 25. — XVII, 20,
22, 29, 32.
𒀹 XXXIX, 95. — XLIII, 114.

44.

𒀹 V. n° 73.

45.

𒀹 = 𒀹 (Revers des plaques.)
𒀹 XXI, 11. — XV, 12.
𒀹 XXXVII, 41. — XLV, 48.
𒀹 XXXVI, 61. — XLVI, 69.

46.

𒀹 = 𒀹 XII, 23, 2ᵉ col. — XVI, 29,
2ᵉ col.
Id. 25. — XVII, 25, 2ᵉ col.

47.

𒀹 V. n° 119.

48.

𒀹 V. nᵒ 120.

49.

▭ = ▭ VIII, 16. — X, 20.
XII, 17. — XVII, 19.

50.

▭ = ▭ XII, 34. — XVI, 43.
Id. 34. — XVII, 41.

51.

▭ = ▭ XVIII, 18. — XIX, 22.
XII, 16. — XVII, 21.
▭ XII, 38, 2ᵉ col. — XVII, 46, 2ᵉ col.
Id. 43, *id.* — *Id.* 54, *id.*
▭ V. nᵒ 25.
▭ XLII, 74. — L, 61.

52.

▭ = ▭ XII, 50. — XVI, 64.
▭ VIII, 31. — X, 12.

53.

▭ = ▭ XII, 46. — XVI, 68.
▭ XXXIX, 92, 93. — XLVII, 99, 99.
▭ XII, 2ᵉ col. 11. — XVI, 2ᵉ col. 18.
▭ XII, 17. — XVI, 25.

54.

▭ = ▭ XVIII, 47, 2ᵉ col. — XIX, 49, 2ᵉ col.
▭ XXI, 14. — XV, 15.
▭ VIII, 28. — X, 11.

⊨𝍱𝍦·VIII, 26, 2° col. — X, 25, 2° col.

⊨𝍱 XXXVIII, 37. — XLI, 53.

𝍦◅◄ XXXIX. 82. — XLIII, 101.

55.

⊨𝍦𝍦 = ◄⊨𝍦𝍦 XII, 41, 2° col. — XVI, 50, 2° col.

    Id. 50. — *Id.* 64.

56.

⊨𝍦𝍦 = ⊨ 𝍦𝍦

57.

⊨= = ⊨ Voy. n° 53.

58.

⊨𝍦𝍦𝍦 = ⊨𝍦𝍦= XII, 4. — XVI, 5.

  ⊨𝍦𝍦= XII, 49. — XVI, 73.

59.

⊨𝍦𝍦𝍦𝍦 = ⊨𝍦𝍦= V. n° 60.

  ⊨𝍦𝍦𝍦 XII, 50. — XVI, 74.

  Id. 31, 2° col. — XVI, 38, 2° col.

  𝍦⊨ (Revers des plaques.)

60.

⊨𝍦𝍦= = ⊨𝍦𝍦= XII, 24. — XVI, 35.

    XVIII, 1. — XIX, 1.

    XVIII, 24. — XIX, 27.

    XII, 21. — XVII, 27.

  ◄ XXXVI, 10, 23. — XL, 13, 33.

  ◄𝍦 XLIII, 111. — LI, 99.

  ⊨𝍦𝍦𝍦 XVIII, 37, 2° col. — XIX, 40, 2° col.

    XII, 2° col. 1. — XVI, 2° col. 7.

— 156 —

61.
⟦cuneiform⟧ = ⟦cuneiform⟧ XVIII, 25, 2ᵉ col. — XIX, 31,
2ᵉ col.

62.
⟦cuneiform⟧ = ⟦cuneiform⟧ XII, 44. — XVII, 55.
XII, 3, 2ᵉ col. — XVI, 11, 2ᵉ col.

63.
⟦cuneiform⟧ = ⟦cuneiform⟧ XVIII, 10. — XIX, 19.
⟦cuneiform⟧ VIII, 2. — X, 15.

64.
⟦cuneiform⟧ = ⟦cuneiform⟧ XII, 31. — XVI, 38.
⟦cuneiform⟧ XXXVIII, 50 — XLVI, 58.

65.
⟦cuneiform⟧ = ⟦cuneiform⟧ XII, 1, 17, 29. — XVI, 25, 42.
XVIII. 1, 2, 3. — XIX, 1, 2, 3.
⟦cuneiform⟧ XXXVI, 20. — XL, 29.
⟦cuneiform⟧ XXXVII, 30. — XLI, 43.
XXXVII, 57. — XLII, 76.
⟦cuneiform⟧ XXXVII, 30. — XLV, 33.

66.
⟦cuneiform⟧ = ⟦cuneiform⟧ VIII, 34, 2ᵉ col. — X, 13.
⟦cuneiform⟧ XII, 9. — XVI, 12.
XII, 33. — XVII, 45.

67.
⟦cuneiform⟧ = ⟦cuneiform⟧ XII, 16. — XVI, 23.

68.
⟦cuneiform⟧ = ⟦cuneiform⟧ XII, 46. — XVI, 68.

69.

⊨⊟𝕀 = ⊏⊟𝕀

◁— XII, 38.— XVI, 58.

70.

⊏╦𝕀 = ⊨╦𝕀 XVIII, 2.— XIX, 3.

71.

⊏╥⊿ = ╥⌐⌐𝕀 𝕀 XLI, 53.— XLIX, 4o.

72.

⊏◀𝕀𝕀 = ⊏◀𝕀𝕀 XLII, 65.— XLIX, 48.

⊏𝕀𝕀▸▸ XLI, 44, 54.— XLIX, 32, 51.

73.

⊟𝕀 = ⊟𝕀— XXII, 2ᵉ col. 20.— XVI, 2ᵉ col. 26.
XXVIII, 2ᵉ col. 13, 16.— XIX,
2ᵉ col. 19, 23.

◀◀ XII; 15.— XVII, 19.
XXXVI, 11.— XL, 15.

⊶⊥⊣ VIII, 27.— X, 26.
XII, 28.— X, 37.
Id. 20.— Id. 26.

74.

⊟𝕀— = ⊟𝕀 V. n° 73.

⊟𝕀— XII, 3.— XVI, 4.

⊐𝕀— XVIII, 5o.— XIX, 51.

75.

⊨╦𝕀 = ⊶𝕀◀𝕀 V. nᵒˢ 42, 76.

76.

[cuneiform] = [cuneiform] V. n° 102.

[cuneiform] XII, 4.—XVII, 5.

77.

[cuneiform] = [cuneiform] XII, 29.— XVII, 39.

[cuneiform] XVIII, 2.—XIX, 3.

[cuneiform] VIII, 32.—X, 14.

[cuneiform] VIII, 26.— XVI, 25.

[cuneiform] XII, 38.— XVI, 58.

[cuneiform] XII, 34, 35.— XVI, 51, 52.

78.

[cuneiform] = [cuneiform] XII, 5.— XVII, 7.

[cuneiform] XVIII, 33.— XIX, 38.

79.

[cuneiform] = [cuneiform] XLIII, 91.—LI, 80.

XXXIX, 73.—XLIII, 91.

80.

[cuneiform] V. n° 20

81.

[cuneiform] = [cuneiform] XII, 2° col. 19.—XVI, 25.

Id. id. — XVII, 21.

82.

[cuneiform] = [cuneiform] VIII, 32, 33.—X, 13, 13.

XII, 48, 49.— XVII, 62, 64.

[cuneiform] XLIII, 118.— LI, 106.

XLI, 40. — XLVIII, 29.

𒀭 XLI, 7. — XLVIII, 6.

𒀭 XII, 35. — XVII, 47.

83.

𒀭 = 𒀭 V. n° 60.

84.

𒀭 = 𒀭 XXXVI, 8, 9, 22. — XL, 10, 12, 32.

85.

𒀭 = 𒀭

𒀭 XVIII, 6. — XIX; 8.

XXXVII, 31. — XLV, 34.

𒀭 XLV, 23, 28. — XLVII, 19, 22.

𒀭 XVIII, 2, 2° col. — XIX, 10, 2° col.

86.

𒀭 = 𒀭 XII, 17. — XVI, 23.

𒀭 XII, 2° col. 17. — XVII, 2° col. 18.

87.

𒀭 = 𒀭 XII, 18. — XVI, 26.

𒀭 XVII, 20, 31. — XIX, 26, 36.

88.

𒀭 = 𒀭 XII, 9. — XVI, 13.

89.

𒀭 = 𒀭 V. n° 116.

90.

𒀭 = 𒀭 V. n° 114.

91.

⊟ = ⊡ V. n° 115.

92.

⊟ = ⊡ V. n° 115.

93.

$\mathbb{Y}$ = ᚛ XII, 15, 19.—XVI, 21, 29.
       Id. 39.—*Id.* 56.
       ━━ XXXVIII, 61.—XLVI, 69.
       ≣ XII, 2° col. 55.—XVI, 2° col. 56.
       ≣ XII, 2° col. 19.—XVII, 2° col. 20.
       ⊟$\mathbb{Y}$ XXI, 14.—XV, 15.
       ♆ XVIII, 31.—XIX, 36.

94.

$\mathbb{Y}$ = ◀$\mathbb{Y}$ XII, 2° col. 21.—XVII, 2° col. 23.
       Id. id. 46.—*Id. id.* 60.
       $\mathbb{Y}$◀ XII, 2° col. 45.—XVII, 2° col. 57.

95.

$\mathbb{Y}$◀ = $\mathbb{Y}$ V. n° 94.

96.

◀ = ◀—⊞ XXXVI, 8. — XL, 11.
              XXXVIII, 56. — XLII, 75.
       ⊟Ⅲ≣ XXXVI, 10, 23. — XL, 13, 33.
             XXIX, 37. — XXXIII, 34.

— 161 —

97.

◀◀ = V, 2. — IX, 3.
XVIII, 2. — XIX, 2.
XXXVI, 20. — XI., 29.
XII, 15. — XVII, 19.
XXXVI, 11. — XL, 15.
XXIX, 37. — XXXIII, 34.

98.

◀◀◀ = XXXVIII, 53. — XLII, 72.

99.

= XXXIX, 83. — XLVII, 91.
XXXI, 95. — XXXV, 88.
XXXIX, 82. — XLIII, 101.

100.

= V. n° 4.
XII, 26. — XVI, 37.
Id. 56. — XVI, 2ᵉ col. 6.
Id. 2ᵉ col. 22. — Id. id. 26.
XVIII, 2ᵉ col. 22. — XIX, 2ᵉ col. 28.
VIII, 2ᵉ col. 31. — X, 28.
XXXVII, 49. — XLII, 67.
XII, 55. — XVI, 2ᵉ col. 5.

101.

= V. n° 100.

102.

= V. n° 111.
XVIII, 24. — XIX, 27.

J. A. Extr. n° 9. (1847-48.)

103.

⟨ = ⟩ XXXVIII, 70. — XLIII, 88.

XLII, 68. — L, 54.

104.

⟨ = ⟩ V. n° 27.

105.

⟨ = ⟩ XII, 2ᵉ col. 8. — XVII, 2ᵉ col. 9.

XII, 41. — XVI, 62.

XVIII, 8. — XIX, 10.

VIII, 24. — X, 10.

106.

⟨ = ⟩ XII, 2ᵉ col. 7. — XVII, 2ᵉ col. 8.

XXXVII, 38. — XLI, 54.

Id. 31. — XLV, 34.

107.

⟨ = ⟩ V, 11. — IX, 15.

108.

⟨ = ⟩ VIII, 24. — X, 10.

109.

⟨ = ⟩

XII, 2ᵉ col. 41. — XVII, 2ᵉ col. 51.

XII, 2ᵉ col. 27. — XVII, 2ᵉ col. 30.

Id. id. 33. — XVI, id. 41.

XVIII, id. 23. — XIX, id. 29.

XII, 14. — XVI, 30.

XVIII, 2ᵉ col. 45. — XIX, 2ᵉ col. 47.

110.

〈𒀭𒆪 = ⊢𒈬𒌷 V, 15. — IX, 20.
VIII, 32. — X, 13.

111.

𒀭 = 𒀭𒀭 XII, 8, 21, 24, 45. — XVI, 11, 31,
35, 68.

112.

𒈬𒀭 = 𒂍𒀭 VIII, 2° col. 3. — X, 15.
𒂍𒅀 V. n° 10.
𒉿 V. n° 117.

113.

𒌋 = 𒄞 XII, 44. — XVI, 66.
𒄞 XII, 2° col. 2. — XVII, 2° col. 3.

114.

𒄞 = 𒂍 XII, 2° col. 52. — XVI, 2° col. 66.
Id. 25. — XVII, 32.
Id. 38. — *Id.* 50.
𒄞 XLI, 49. — XLIX, 36.

115.

𒄞 = 𒂍 XII, 44, 45. — XVI, 65, 67.
V, 1. — IX, 2.
XVIII, 16, 19, 35. — XIX, 20,
22, 41.
𒄞 = XII, 43. — XVI, 65.
Id. 37. — *Id.* 56.
id. 2. — XVII, 2.

11.

116.

⊞ = 𒀭 XII, 49. — XVI, 73.

𒐊 XII, 2ᵉ col. 19. — XVI, 2ᵉ col. 25.

XXXIX, 82, 86. — XLVII, 89, 94.

117.

𒀀 = 𒐊𒌋 V. n° 10.

𒐊 XII, 39. — XVI, 58.

Id. 42. — Id. 63.

𒐊 VIII, 5, 25. — X, 3; 10.

𒐊𒌋 XXXVI, 25, 26. — XLIV, 28, 29.

𒐊 XVIII, 14. — XIX, 18.

𒐊 XVIII, 2ᵉ col. 24. — XIX, 2ᵉ col. 30.

𒐊 XVIII, 2ᵉ col. 45. — XIX, 2ᵉ col. 47.

118.

𒀀 = 𒐊 XVIII, 31. — XIX, 36.

119.

𒀀 = 𒐊 XII, 11. — XVII, 14.

𒐊 XXXVII, 31. — XLI, 40.

120.

𒀀 = 𒐊 XVIII, 13. — XIX, 17.

VIII, 6. — X, 8.

121.

𒐊𒀀 = 𒐊 𒀀 𒀀 VIII, 4. — X, 2.

122.

⬦ = ⬦ XII, 2ᵉ col. 32, 39. — XVI, 2ᵉ col. 40, 47.

⬦ VII, 21. — X, 8.

⬦ XXIX, 37. — XXXIII, 34.

123.

⬦ = ⬦ XXXIX, 85, 93. — XLIII, 104, 112.

⬦ XII, 2ᵉ col. 48. — XVII, 2ᵉ col. 63.

⬦ XII, 12. — XVII, 15.

124.

⬦ = ⬦ XII, 48, 50. — XVI, 71, 74.

⬦ XXXIX, 75. — XLIII, 94.

⬦ XLII, 82. — L. 69.

125.

⬦ = ⬦ XXXVIII, 42. — XLII, 82.

Au moyen de cette table et des renvois, le lecteur aura le moyen de vérifier lui-même les substitutions dont j'ai parlé ; quiconque voudra en prendre la peine et collationnera entre elles les inscriptions de Khorsabad, restera convaincu de l'existence d'équivalents pouvant se remplacer d'une manière, on peut le dire, arbitraire.

S'il est facile de démontrer ce fait, il ne l'est pas

autant de l'expliquer. Faut-il y voir le résultat d'un système semblable à celui que l'illustre Champollion a reconnu dans l'écriture hiéroglyphique, et qui a laissé des traces même dans le démotique? Il me semble qu'il est prématuré de rien assurer à cet égard; mais, dans mon opinion, il n'y a rien de commun entre les homophones égyptiens et les équivalents assyriens; le principe de ces deux écritures est évidemment différent; un caractère hiéroglyphique représente un objet, dont le nom, dans la langue égyptienne, commence par la lettre que ce caractère est destiné à représenter quand il est employé phonétiquement. Il ne peut y avoir rien de semblable dans l'écriture assyrienne, puisque les signes ne représentent pas des objets, et que, d'après la manière dont ils sont formés, à l'aide d'un seul élément, on peut assurer qu'ils n'ont jamais été figuratifs; pour moi, je crois que les substitutions proviennent de causes diverses que j'ai énumérées dans le mémoire que j'ai lu, en 1845, à l'Académie des inscriptions et belles-lettres.

1° Il y a des substitutions certainement causees par des erreurs; mais, évidemment, on ne peut ranger dans cette classe que celles dont les exemples sont rares et sont pris de caractères à forme très-rapprochée.

2° Elles peuvent provenir de l'emploi de formes grammaticales différentes. et, dans ce cas, les signes. quoique réellement substitués les uns aux autres, pourraient cependant représenter des sons très-différents.

Je vais en citer un exemple pour bien expliquer ma
pensée. J'ai parlé de l'échange de ⟪cunéiforme⟫ avec ⟪cunéiforme⟫ au
commencement du verbe ⟪cunéiforme⟫ ;
si l'on suppose que le verbe soit à l'aoriste dans les
inscriptions, et que la langue soit sémitique, on peut
voir, dans les premiers caractères, des formatives
différentes de la troisième personne de l'aoriste; or,
il se trouve que, dans les langues sémitiques, il y a
précisément, pour ce temps, deux formatives usitées,
le *iod* ⟪cunéiforme⟫ (?) en hébreu et en arabe, et le *noun*
⟪cunéiforme⟫ (?) en syriaque. Par conséquent, il peut être
permis de supposer qu'anciennement les deux formes aient été usitées dans la même langue, et l'on
ne devrait plus voir, dans la substitution de ces deux
signes l'un à l'autre, la preuve d'une similitude de
valeur. On peut même dire que, dans ces passages des inscriptions, le verbe, à l'aoriste, est
tantôt à la première personne, parce que c'est le
roi qui parle, et tantôt à la troisième. Si cela était,
on comprendrait encore la substitution de la
formative ⟪cunéiforme⟫ à ⟪cunéiforme⟫, ces deux signes ayant cependant des valeurs très-différentes. Mais cette supposition est peu vraisemblable, et, dans les inscriptions
trilingues, il y a de nombreux motifs de croire que
le verbe dont j'ai parlé n'est pas à l'aoriste et que,
par conséquent, la première lettre est radicale ; je
ne les exposerai pas parce que ce mémoire n'a pas
pour but l'interprétation, mais il n'en est pas moins
vrai qu'on peut, dans certains cas, attribuer les
substitutions à cette cause; aussi ne doit-on jamais

en tirer les exemples que d'inscriptions dont le contenu est évidemment identique.

3° L'emploi de particules différentes peut aussi causer des substitutions apparentes, et l'on sait précisément combien les particules sont fréquentes dans la langue chaldéenne ou syriaque.

4° Enfin, après avoir fait la part des suppositions précédentes, il n'en restera pas moins un grand nombre de signes dont la substitution les uns aux autres est indubitable. Faut-il y voir de veritables homophones, c'est-à-dire des signes ayant des valeurs identiques? Je ne le pense pas; je crois, au contraire, qu'ils représentent tous des sons un peu différents, mais cependant assez rapprochés pour pouvoir être confondus, sans qu'il en résulte un grand inconvénient pour la lecture; c'est ainsi que, dans certaines langues, le *b* et le *v*, quoique constituant, en réalité, chacun une articulation distincte, peuvent cependant être employés indifféremment à la place l'un de l'autre.

Cette sorte de confusion peut, dans l'écriture assyrienne, avoir lieu, non-seulement entre les consonnes de même organe, mais même entre les voyelles et les consonnes. Nous avons, en effet, dans les langues sémitiques, quelques traces d'une confusion semblable; nous y voyons le *he* se confondre avec l'*a;* le *iod* et le *waw* servir, tantôt de voyelles, tantôt de véritables consonnes; les inscriptions mediques, dans lesquelles la Médie s'appelle Wada, nous offrent un exemple de la confusion de l'*m* et de l'*ou*

et les autres noms de pays paraissent si étrangement
défigurés qu'il faut croire que l'oreille de ces peuples
saisissait une affinité entre certaines lettres qui, pour
nous, n'en ont aucune ; n'est-il pas légitime de penser que, dans l'écriture assyrienne, chacune des
nuances dans la valeur des lettres ait été représentée
par un signe différent, et que, cependant, l'affinité
plus ou moins grande des sons ait permis d'employer
les uns pour les autres les caractères représentatifs
de ces nuances. Il me paraît au moins certain que
les caractères destinés à représenter le *b*, l'*m* ou
la voyelle *ou* ont été substitués indifféremment les
uns aux autres, et j'ai bien des motifs de croire
que la même confusion a eu lieu entre la voyelle
a et la consonne *n*, quelque étrange que ce fait
puisse paraître. Les belles découvertes de M. Layard
m'ont même fourni un nouvel exemple de l'*n* substituée à l'*a* ; je ne puis le publier parce que je n'ai
pas le droit de disposer de matériaux qui ne m'appartiennent pas ; mais j'espère que, bientôt, le monde
savant pourra jouir des trésors archéologiques exhu-
més par M. Layard.

Il y a en outre une autre cause à laquelle on peut
attribuer les fréquents échanges de caractères dans
l'écriture assyrienne ; on peut concevoir que l'écriture a été syllabique, en ce sens, du moins, que
chaque consonne était représentée par un signe différent suivant la voyelle dont elle était affectée.
On peut supposer qu'il y avait un signe pour le *b*,
par exemple, un autre pour *ba*, *bi*, *etc*. Dans les

langues semitiques, les voyelles brèves ayant relativement peu d'importance, cela a pu causer un emploi facultatif de différents signes. Ainsi la syllabe *ba*
a pu être représentée par le signe du *b* seul, par les
deux signes *b* et *a*; puis enfin, dans certains cas, par
ceux qui représentent le *b* affecté d'autres voyelles.
Telle est, selon moi, l'idée que l'on doit se faire
de ces singulières substitutions qui rendent l'étude
de l'écriture assyrienne si compliquée. Quelle qu'en
soit la cause, il n'en est pas moins nécessaire d'en
tenir compte, car celles dont les exemples sont très-
nombreux et pris d'inscriptions parfaitement identiques ne peuvent certainement provenir que de la
similitude très-grande de valeurs; par conséquent,
si l'on parvient à déterminer avec certitude la valeur
de l'un des signes, on connaîtra la valeur précise
de ses équivalents ou, tout au moins, on saura dans
quelles limites il faut la chercher. Si même les substitutions proviennent de particules ou de mots différents, l'avantage d'une table des substitutions ne
sera pas moindre, puisque, connaissant un de ces
mots ou particules, on sera presque forcément conduit à deviner la valeur des signes substitués; ceux-
ci, en effet, devront nécessairement représenter,
dans ces cas, une particule analogue à celle que l'on
connait déjà, et l'on n'aura plus à opter qu'entre un
petit nombre de mots.
Je ne m'étendrai pas davantage sur ce sujet parce
que, si l'on n'est pas d'accord sur la manière d'en-
visager les équivalents, on l'est au moins sur le fait

des substitutions elles-mêmes ; M. de Löwenstern
en avait reconnu quelques-unes dans les seules inscriptions trilingues et, longtemps avant lui, M. Grotefend [1] avait donné une table très-curieuse des
substitutions qu'il avait remarquées dans les textes
connus à l'époque où il écrivait, et son travail s'é-
tendait même à l'écriture babylonienne ; enfin, en
copiant les nombreuses inscriptions qu'il a découvertes à Nimroud, M. Layard s'était assuré de la
vérité de ce que j'avais annoncé moi-même, et, pendant son séjour à Paris, il m'a dit avoir tiré de ses
inscriptions une table de variantes tout aussi nombreuses mais souvent très-différentes des miennes. Il
est donc inutile d'insister plus longtemps sur ce
fait et je passe à la comparaison des écritures de
Van, de Persépolis et de Khorsabad.

J'ai dit, au commencement de ce mémoire, que
je regardais ces trois écritures comme identiques :
quelques personnes ne partageant pas cette opinion,
je dois chercher à en démontrer la justesse ; mais,
auparavant, il faut que j'explique ce que j'entends
par cette identité. Je n'ai pas prétendu dire qu'il n'y

[1] Lorsque j'ai commencé l'impression de ces articles, je ne connaissais pas les travaux de M. Grotefend sur le même sujet. Ayant
reçu depuis peu de temps les deux Mémoires qu'il a publiés, l'un
en 1837, l'autre en 1840, sous le titre de *Neue Beiträge zur Erläu-
terung der babylonischen Keilschrift,* j'ai pu voir que ce savant m'avait
dévancé sur beaucoup de points. J'en fais la remarque, nou-seu-
lement par esprit de justice, mais encore avec plaisir ; j'espère, en
effet, que la priorité incontestable de M. Grotefend, en me mettant
hors de cause, me mettra également à l'abri des réclamations un
peu hostiles auxquelles j'ai été exposé.

eût absolument aucune différence entre ces trois
écritures ; il y en a certainement et il ne peut en
être autrement à cause des époques et des lieux
différents où les inscriptions ont été gravées. J'ai
voulu dire seulement que les différences sont mini-
mes par rapport aux ressemblances, et qu'elles n'é-
quivalent pas, à beaucoup près, à celles qui, par
exemple, existent aujourd'hui entre l'alphabet grec
ou même l'alphabet allemand et le nôtre.

Une première différence provient de ce qu'on peut
appeler la main du graveur : ainsi les clous peuvent
être plus ou moins longs, les coins plus ou moins
échancrés ; cela donne aux inscriptions un aspect
différent, mais on n'en peut pas moins toujours
reconnaître les caractères. De pareilles variétés se
rencontrent dans les textes gravés sur le même monument ; à plus forte raison doit-on en trouver dans
ceux qui ont été découverts dans des pays très-éloignés les uns des autres, et qu'on peut rapporter à
des temps très-différents. Il est évident que ces variétés ne suffisent pas pour constituer une différence
radicale entre les écritures.

Quelques causes accidentelles peuvent aussi faire
varier la forme des caractères. J'en ai déjà fait connaître une ; la nature cassante de la pierre n'a pas
permis, à Van, de faire traverser un clou par un
autre. Ainsi les signes ⊢⫰⫰⫰⊨ et ⊨⫰⫰⊨ deviennent
⊨⫰⫰⊢ et ⊨⫰⊨ ; cela encore ne constitue pas une
différence radicale, car on peut reconnaître l'identité des caractères, et de pareilles différences se

rencontrent même dans un seul monument, comme
à Khorsabad; on y voit, par exemple, le signe
⌦☰ écrit ainsi ⌦☰.

Il y a encore une autre cause de différence et
c'est la plus importante; elle provient de ce que,
dans certaines inscriptions, on n'emploie pas les
équivalents ou l'on emploie de préférence quelques-
uns d'entre eux; il en résulte souvent un aspect
très-différent et l'on peut, en observant le nombre
et la nature des équivalents employés, rapporter
telle ou telle inscription à une localité déterminée.
Ainsi, à Van, on ne trouve pas les nombreux équivalents employés à Khorsabad, et le nombre des
signes usités est, par cela même, beaucoup moins
grand; les signes ⌦☰, ⌦⫪, etc. sont toujours
faits de la même manière et, à leur place, on ne
trouve jamais les variantes ⌦☰, ⌦⫪, etc. A
Persépolis on ne rencontre jamais ⌦☰ ou
⌦☰, et en revanche on voit beaucoup plus fréquemment leur équivalent⌦⫪. A Nimroud, cette
différence est beaucoup moins marquée; elle se réduit à ce que, dans cette localité, on ne trouve pas
quelques-uns des équivalents employés à Khorsabad:
M. Layard m'en a donné un exemple remarquable.
Dans les nombreuses inscriptions qu'il a copiées, il
n'a jamais rencontré deux des monogrammes usités
à Khorsabad pour représenter le mot roi, savoir
⌦ et ⌦; on n'y trouve jamais employé que
le signe ⫩, lequel, on se le rappelle, est un équi-

valent des deux premiers. M. Layard m'a, en outres assuré qu'il y a, à Nimroud, des substitutions qui ne se rencontrent pas à Khorsabad, en sorte qu'il pourrait en ajouter un grand nombre à celles que j'ai fait connaître.

Ces différences, sans doute, sont remarquables, mais suffisent-elles pour qu'on fasse une distinction radicale entre ces écritures· Évidemment non; il faudrait, pour en avoir le droit, qu'on trouvât, dans chacune d'elles, un très-grand nombre de signes qui ne fussent pas usités dans les autres. Mais il n'en est pas ainsi ; à Van, tous les caractères, sauf quatre ou cinq peut-être, sont identiques avec ceux employés dans mes inscriptions. Si, dans cette localité, on n'a pas employé les substitutions, cela peut provenir d un usage particulier, d'une simplification du système; mais cela ne peut empêcher·que celui qui connaîtrait l'alphabet de Khorsabad ne pût lire immédiatement les inscriptions de Van.

Il en est de même à Nimroud ; pour que, par exemple, la différence entre les monogrammes employés pour représenter le mot *roi* prouvât la différence des écritures, il faudrait que celui qui est usité à Nimroud ne le fût pas à Korsabad ou ailleurs; mais il n'en est pas ainsi, car les deux coins usités, dans la première de ces deux localités, pour exprimer le mot *roi*, le sont également dans la seconde avec le même sens. De part et d'autre, donc, on s'est servi du même signe avec la même valeur et l'on ne trouve pas, dans ce cas, un caractère inusité dans l'une des écritures, ce qui, seul, pourrait constituer une différence entre elles.

Il est si vrai que l'emploi de certains équivalents de préférence à d'autres ne prouve pas la différence des écritures, que l'on en a des exemples dans les inscriptions tirées d'un seul monument. En effet, comme je l'ai déjà fait remarquer, à Khorsabad, quand un caractère est employé, il l'est constamment dans la même inscription, et ses équivalents n'y paraissent pas; tandis que, dans une inscription identique, gravée à côté de la première, ce sera, au contraire, un des équivalents qui paraîtra toujours. Ainsi, lorsque, dans un texte, on s'est servi des deux coins  pour représenter le mot *roi*, ce signe reparaît à tous les endroits où ce même mot doit se trouver, et il n'est pas remplacé par ses équivalents  ou ; il en est de même pour ces derniers et pour tous les caractères qui ont des équivalents certains et nombreux, tels que , , etc.

Une dernière preuve de l'identité des écritures de Van, de Persépolis et de Khorsabad me paraît pouvoir être tirée de l'emploi même des équivalents; ceux-ci, en effet, se substituent aux mêmes caractères dans les trois localités. Ainsi, dans les inscriptions trilingues comme dans les miennes, les deux coins  remplacent le mot *roi*, le clou horizontal  prend la place du pronom ; on voit les signes , , , etc. substitués respectivement aux

caractères ⟩⟨, ⟨⟩, ⟩⟨⟨⟩, etc. Ces variations me
paraîtraient impossibles à expliquer si les écritures
n'étaient pas identiques au fond, non-seulement
quant au système, mais encore quant à la valeur des
lettres. Ce genre de preuve ne peut, il est vrai, s'appliquer à l'écriture de Van, dans laquelle les équivalents sont très-rarement employés; mais il s'y rencontre si peu de signes réellement différents de ceux
de Khorsabad qu'elle me paraît superflue.

J'admets donc de certaines différences entre des
écritures de temps et de lieux très-éloignés; ces variétés proviennent, soit de la main du graveur, soit
de l'absence de certains équivalents, soit même,
dans certains cas, de l'emploi de signes inusités ailleurs; mais je ne crois pas qu'elles doivent empêcher
de reconnaître l'identité de ces écritures.

Après m'être expliqué ainsi, en général, sur les
ressemblances et les différences des écritures que
nous offrent les inscriptions assyriennes recueillies
à Persépolis, à Van et à Khorsabad, je vais passer
en revue les signes employés dans la première localité et je mettrai en regard les signes ninivites correspondants. Seulement, pour éviter les frais de
composition et de gravure qu'entraînerait la repro-
duction de caractères absolument semblables ou la
fonte de caractères entièrement nouveaux, je me
bornerai à donner les signes ninivites et je mettrai
en regard de chacun d'eux la citation d'un endroit
où se trouve le signe achéménien que je regarde
comme identique; je ne ferai graver parmi ces der-

— 177 —

niers, que ceux qui diffèrent assez des signes ninivites pour que l'identité puisse en paraître douteuse.

Je ne construirai, au reste, cette table que pour l'é-
criture assyrienne de l'époque des Achéménides ;
l'écriture de Van n'offrant qu'un très-petit nombre
de signes différents, je me contenterai d'en donner
la liste.

J'aurai probablement commis quelques erreurs
et quelques oublis dans cette table comparative,
mais cela importe peu, car la proportion des signes
identiques et des signes différents n'en serait probablement pas altérée ; je dois seulement prévenir le
lecteur qu'en donnant la liste des signes employés
dans les inscriptions trilingues, je n'ai voulu les ex-
traire que de textes corrects, tels que ceux de Rich,
Schulz et Westergaard. Certes, j'aurais trouvé un
bien plus grand nombre de signes étranges et in-
connus si j'avais consulté les planches de MM. Flandin
et Coste ou d'autres voyageurs ; mais j'ai renoncé à
m'en servir, parce que je les crois très-inexactes, quoique je n'aie pas vu les monuments eux-mêmes. Pour
reconnaître si des inscriptions ont été bien copiées,
et si la forme des caractères est exacte, il y a quelques règles qui ne permettent pas que l'on s'égare.
Il faut d'abord avoir égard à l'intérêt que prennent
aux inscriptions les personnes qui les copient ; c'est,
en effet, une garantie d'exactitude et, sous ce rapport, les savants ont, sur les artistes, un avantage
incontestable. En outre, il est évident que les copistes
n'ont pas pu inventer des formes qui se trouveraient,

J. A. Extr. n° 9. (1147-48.)   12

par hasard, identiques à des formes usitées dans des
inscriptions qu'ils ne pouvaient connaître. Si donc,
on trouve aux mêmes places, dans deux copies
différentes, des signes qui ne se ressemblent pas et
que l'un de ces signes soit régulier, en ce sens qu'il
affecte constamment cette forme dans des inscriptions
inconnues aux copistes, il me semble certain que
cette forme doit être la véritable. C'est cette garantie
que je trouve dans les copies de Rich et de Westergaard ; elles doivent être exactes puisqu'on y
retrouve immédiatement les formes usitées à Khorsabad, tandis que, dans les copies postérieures, les
signes sont, en général, si étrangement défigurés,
qu'il est impossible de les reconnaître.

Il est encore essentiel de tenir compte des moyens
employés pour exécuter les copies, du degré de détérioration des monuments, etc. On conçoit que ces
circonstances puissent fortement influer sur l'exactitude. Il est remarquable, en effet, que les deux inscriptions trilingues, dans lesquelles se trouve le plus
grand nombre de signes paraissant étrangers à l'écriture ninivite, sont précisément la xıᵉ (A. II) de Schulz
et la xvıııᵉ de Westergaard (*Nakchi roustâm*), toutes
les deux copiées avec le télescope, et la dernière en
très-mauvais état ; j'ai donc fait, dans la comparaison, abstraction de ces signes douteux, surtout quand
ils paraissaient dans des parties frustes et à moins
qu'ils ne se reproduisissent ailleurs: Voici maintenant la liste comparative [1] :

[1] Dans cette table, la lettre R indique les inscriptions de M. Rich ;

Signes de Khorsabad.	Signes achéméniens.
►─►─Y─	R. XVIII, 1, 1.
⊱─┬─Y	R. XV, 1, 2.
▯▯─┴Y	R. XV, 1, 8.
⊱─YYYY	R. XVIII, 1, 3.
YY	R. XVIII, 1, 5.
►─Y◄Y	R. XVIII, 1, 6.
⊱─Y◄Y	R. XVIII, 1, 10.
⊱─┬─Y	R. XVIII, 2, 3.
⊱─	R. XVIII, 1, 21.
►─Y─►◄	R. XVIII, 2, 6.
◭	R. XVIII, 5, 2.
Y	R. XVIII, 5, 1.
◄Y►─	R. XVIII, 5, 3.
►─YY◄Y	R. XVIII, 5, 21.
⊱─YY	R. XVIII, 4, 1.
⊱─Y►─	R. XVIII, 1, 2.
◄YY	R. XVIII, 1, 7.
►─▷	R. XVIII, 1, 13.
►─┬─	R. XVIII, 1, 17.

l'S, celles de Schulz, et le W, celles de Westergaard. Le chiffre
romain est celui de la planche ; le premier chiffre arabe indique la
ligne où se trouve le signe que je rapporte à un signe de Khorsabad , et le second en indique la place dans la ligne.

𒀸 . . . . R. XV, 4, 14.

𒌋 . . . . R. XV, 5, 2.

𒈨 . . . . R. XV, 7, 6.

𒌋 . . . . R. XV, 7, 7.

𒊑 . . . . R. XV, 7, 21.

𒊑 . . . . R. XV, 8, 19.

𒈨 . . . . R. XV, 10, 1.

𒌋 . . . . R. XV, 11, 3.

𒄊 . . . . W. XIV, 10, 4.

𒀹 . . . . W. XIV, 12, 5.

𒊑 . . . . W. XIV; 13, 13

𒉺 . . . . W. XV, 1, 17.

𒈨 . . . . W. XV, 3, 12.

𒅆 . . . . W. XV, 3, 13.

𒄷 . . . . W. XV, 6, 14.

𒉿 . . . . W. XV, 21, 3.

𒈨 . . . . W. XVII, 4, 13.

𒊑 . . . . W. XVIII, 6, 19.

𒉿 . . . . W. XVIII, 10, 21.

𒊑 . . . . W. XVIII, 13, 13.

𒅆 . . . . W. XVIII, 14, 8.

𒄷 . . . . W. XVIII, 16, 7.

𒉿 . . . . W. XVIII, 25, 6.

⸺☩ . . . . S. XI, 3, 3.

⸺☰⫟ . . . . S. XI, 21, 5.

⸺⫟⎯ . . . . S. XI, 22, 6.

⸺◁⫟⫟ . . . . W. XV, 21, 1.

☰⫟ . . . . R. XVIII, 1, 8.

◁⫟ . . . . W. XIV, 3, 6.

La liste ci-dessus contient soixante et douze caractères ninivites qui ont, dans les inscriptions achéménides, des signes correspondants tellement semblables, que l'identité en est reconnaissable au premier coup d'œil; on peut, en recourant aux endroits cités, faire la comparaison et s'assurer de l'exactitude de ce que je viens d'avancer. Voici maintenant une autre liste de signes persépolitains dont la ressemblance, avec les signes de Khorsabad, n'est pas absolue, mais dont l'identité ne sera, je pense, contestée par personne:

Ninivites.		Achéménides.
👆	. . . .	◥⫟
👅	. . . .	▽
⸺◁⫟	. . . .	⸺⫟⫟
⫟⸺⫘	. . . .	⫟⫘
⸺◣⫟	. . . .	◣⫟
⫟⫟◂	. . . .	⫟⫟◂

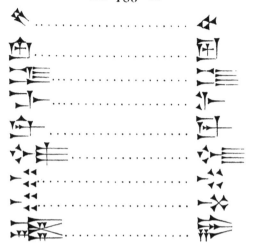

Pour la plupart des signes ci-dessus, l'identité peut être prouvée, comme je l'ai fait pour ⟨sign⟩, ⟨sign⟩, ⟨sign⟩, etc. Quant aux autres, la similitude de forme et d'emploi est telle qu'on ne peut se refuser à admettre l'identité de signes correspondants dans les deux colonnes ; on peut donc les ajouter aux soixante et onze caractères énumérés dans la liste précédente, et l'on obtient un total de quatre-vingt-six caractères ninivites représentés dans l'écriture assyrienne des Achéménides par des signes absolument semblables. Passons aux caractères douteux ou réellement différents :

Signes ninivites.   Signes achéménides.

La liste des signes achéménides qui n'ont pas
d'équivalents tout à fait certains dans l'écriture de
Khorsabad se réduit donc à dix signes, parmi lesquels
même il y en a quelques-uns dont l'identité, on en
conviendra, est plus que probable.

Le résultat du dépouillement que je viens de
faire me semble être démonstratif de l'opinion que
j'ai émise sur l'identité des écritures assyriennes
usitées à Khorsabad et dans les inscriptions trilingues.
Sur quatre-vingt-seize caractères employés dans ces
dernières, nous en avons quatre-vingt-six tout à fait
semblables à ceux de Ninive et seulement dix dont
la similitude peut paraître plus ou moins douteuse.

Si l'on tient compte des époques, des lieux, des changements de dynasties, de race, etc. on devrait plus s'étonner d'une ressemblance aussi grande, que des rares variétés qui peuvent se rencontrer.

J'ai fait le même travail de comparaison entre les inscriptions de Van et celles de Khorsabad ; mais, comme je l'ai dit, je crois inutile de donner une table de tous les signes usités dans les deux localités ; il y en a très-peu qui ne soient pas reconnaissables au premier coup d'œil, si l'on tient compte de la différence de main et de la particularité dont j'ai parlé. En faisant abstraction des caractères défigurés par la détérioration de la surface du monument et de ceux qui paraissent être des fautes de copie, comme le démontre la comparaison des textes entre eux, je trouve qu'il y a environ cent douze ou cent quinze caractères usités dans l'écriture assyrienne de Van telle que nous la connaissons ; sur ce nombre, il y en a environ quatre-vingt-dix-huit ou cent qui sont identiques à ceux de Khorsabad. Voici les seuls dont l'identité soit douteuse, ou dont je ne connaisse pas les correspondants dans mes inscriptions :

Signes de Khorsabad.	Signes de Van.

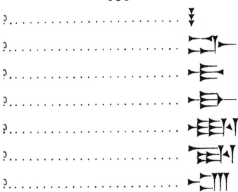

Tels sont les seuls signes de l'écriture de Van
que je n'aie pas retrouvés dans celle de mes inscriptions ; ils sont en bien petit nombre, comme on le
voit, si on les compare à ceux dont l'identité est
évidente ; aussi je m'étonnerais qu'on pût voir une
différence radicale entre ces deux écritures, si je ne
savais combien il faut de temps et d'efforts de comparaison pour se graver dans la mémoire des signes
si nombreux et qui ne diffèrent que par la combinaison d'un seul et même élément. En outre, personne n'a encore eu la possibilité d'acquérir une connaissance aussi complète de l'écriture de Khorsabad
que celle que je possède, et il arrive naturellement
que, lorsque après avoir parcouru un petit nombre
de mes inscriptions, on ne trouve pas quelques caractères usités ailleurs, on soit porté à se prononcer
contre l'identité des deux écritures ; ainsi, dans
beaucoup de textes copiés à Khorsabad, les signes
▸◂◂⫝⫝ ou ▸◂◂⫟ ne se rencontrent pas parce que l'on

y emploie leurs équivalents ⟨𝖤𝖨 et ⟨𝖢𝖨; si l'observation tombe sur ces textes, on en conclura que la première de ces formes, très-usitée à Van, ne l'est pas dans les autres inscriptions, et, cependant, l'on se tromperait. Je pourrais multiplier ces exemples, mais cela serait inutile. L'expérience, j'en suis convaincu, fera reconnaître la vérité de ce que j'ai avancé, savoir, qu'il n'y a, en réalité, sauf quelques légères différences, qu'une seule espèce d'écriture assyrienne employée dans les inscriptions de Van, de Persépolis, de Khorsabad, de Beirout et de Nimroud.

J'ai laissé à part l'écriture compliquée de Babylone parce que je ne l'ai pas assez étudiée pour pouvoir en parler avec connaissance de cause; au premier aspect, certainement, elle semble différer considérablement de l'écriture ninivite; mais il me semble que la différence tient surtout à une accumulation des mêmes éléments dans un signe, ce même signe, à Khorsabad, étant moins riche, en quelque sorte, et dépouillé de tout enjolivement superflu.

Quoi qu'il en soit, en consultant la table des signes contenus dans la grande inscription de la Compagnie des Indes, j'ai pu m'assurer que, sur deux cent quatre-vingt-sept, il y en a cent sept que l'on peut immédiatement ramener à des caractères de Khorsabad; j'ai même pu vérifier l'exactitude de plusieurs de ces rapprochements en profitant du fait curieux dont on doit, je crois, la première connaissance à M. Grotefend. Une partie de cette grande inscription est reproduite en caractères beaucoup plus simples sur une planche de Kerporter représentant un fragment de cylindre ; on a donc ainsi un passage entre l'écriture la plus compliquée et celle plus simple de Khorsabad.

Je laisse ce sujet, sur lequel je me suis peut-être beaucoup trop étendu, et je vais actuellement parler des langues que nous cachent ces caractères mystérieux. Quelques personnes pensent que la langue dans laquelle sont écrites les inscriptions de Khorsabad n'est pas la même que celle dont on s'est servi à Persépolis, à Babylone et à Van. Pour moi, au contraire, s'il me reste quelque doute au sujet de cette dernière localité, je n'en conserve aucun pour les deux premières. Je crois que la langue des inscriptions de Babylone, de Persépolis et de Ninive est identique, sauf, bien entendu, les différences dont la diversité des temps et des lieux peut et doit être la cause, et, quoique ce soit bien hardi de ma part, je vais essayer de le démontrer.

Avant tout, on doit se rappeler un principe sur lequel tout le monde, je crois, est d'accord : c'est que la grammaire caractérise mieux une langue que le vocabulaire ; si donc, en comparant deux textes, on parvient à démontrer que les formes grammaticales sont les mêmes de part et d'autres, on aura toute raison d'affirmer que les langues employées sont identiques, lors même qu'on ne pourrait lire un seul mot de ces textes, et, à plus forte raison, lorsque les seuls mots lus d'une manière plausible sont communs à l'une et à l'autre. Or, il est possible, je crois, de prouver que, à Babylone, Persépolis et Khorsabad, la langue était assujettie aux mêmes règles et avait, par conséquent, la même grammaire. Pour s'en assurer, il suffit de considérer la manière dont les mots se terminent en général. Il est évident, en effet, que les inflexions grammaticales affectent de préférence la fin des mots, et, précisément, nous avons le moyen de reconnaître ces fins de mots, parce que, ainsi que cela a déjà été remarqué avant moi, les Assyriens n'étaient pas dans l'usage de couper les mots à la fin des lignes et d'en rejeter une portion à la ligne suivante. Ce fait est prouvé de la manière la plus évidente par les inscriptions de Khorsabad ; on y voit les caractères s'allonger pour remplir toute la ligne lorsque le mot est court ; on les voit, au contraire, se raccourcir pour restreindre le mot dans la longueur donnée. On voit même quelquefois un ou plusieurs signes placés en dehors de l'encadrement plutôt que d'être rejetés, en coupant le mot, à la ligne suivante. On peut donc être certain que le dernier signe d'une ligne est également le dernier signe d'un mot, et que, souvent, par conséquent, ces signes terminaux représentent des inflexions grammaticales. Or, si l'on compare les inscriptions de Babylone, de Persépolis, de Nimroud et de Khorsabad, on verra que la proportion relative des signes terminaux est la même dans toutes ; les signes les plus fréquents à la fin des lignes sont partout 𒀭, 𒂠, 𒂠𒀭, 𒂠𒀭, 𒀸, 𒄿, 𒁹𒂠, 𒃷, etc.

Voilà donc déjà une première et très-forte preuve de l'identité ou, tout au moins, de la similitude de langue dans toutes ces inscriptions; un autre argument se tire de l'emploi arbitraire de certaines lettres que tout le monde s'accorde à regarder comme des voyelles; il y a, en effet, dans tous les textes, des lettres qui semblent avoir pu être supprimées à volonté, et partout ce sont les mêmes. Il faut nécessairement que les langues soient soumises au même système, et, par conséquent, appartiennent à la même famille pour permettre cet emploi facultatif, cette suppression arbitraire des voyelles.

Si, de ces considérations générales, nous passons aux faits particuliers, nous verrons que tous ceux qui sont certains viennent à l'appui de mon opinion. Ainsi, par les inscriptions trilingues, nous connaissons avec certitude les deux formes qui caractérisent le pluriel dans les noms; l'une est 𒁹𒌍, l'autre est 𒁹𒂠 ou les équivalents 𒀸𒁹, 𒄿. Ces terminaisons sont identiques dans les textes assyriens de toutes les localités. Il en est de même des terminaisons en 𒀭 𒀭 et en 𒁹 pour des noms de peuples ou de pays; il en est de même encore de la terminaison en 𒂠𒐏 𒄿 𒂠𒀭 (*outyi*) indiquant un substantif dérivé avec le pronom affixe de la première personne, ainsi que du signe 𒂠𒀭 pour marquer cet affixe. (Voyez à la ligne 18 de l'inscription XIV de Westergaard, où l'on a 𒀭

𒌉 𒀜 𒁹, *malcouty? mon royaume*, et

𒀭 𒀭 𒀜 𒁹, *mes peuples.*) Ces mêmes

formes, pour les mêmes mots, se voient également
à Khorsabad et dans la grande inscription de Babylone.

Voici donc quelques inflexions grammaticales
importantes qui se retrouvent dans toutes les inscriptions assyriennes; l'emploi du *d*, 𒌑 ou 𒁹.

est un autre indice de l'identité des langues; mais
je ne puis insister sur ce point, parce que je ne puis
prouver directement que, dans les inscriptions de
Khorsabad, l'emploi de cette lettre ait été le même
que dans celle de Persépolis. J'ai, à cet égard, une
conviction intime, résultat de ma longue pratique;
mais je ne pourrais la faire passer dans l'esprit du
lecteur; j'aime mieux insister sur l'identité des pronoms : nous en connaissons deux seulement, et,
précisément, ces deux pronoms sont communs à tous
les textes assyriens : l'un est 𒀭𒌉 ou 𒁹𒌉 :
l'autre est 𒀭𒌉𒂊 ou, par abréviation, 𒂊.
Le premier se rencontre à chaque instant dans les
inscriptions de Khorsabad. Je ne me souviens pas d'y
avoir vu le second, mais on le rencontre dans les
textes babyloniens, et M. Layard a trouvé l'abréviation 𒂊 précédant le nom du roi de Nimroud
exactement comme elle précède le nom de Cyrus
dans l'inscription de Pasargade.

La particule ◄▐►◙◤, quelle qu'elle soit, est encore un trait caractéristique de tous les textes assyriens ; malgré tous mes efforts, je n'ai pas pu en
découvrir précisément le sens; elle semble jouer le
rôle du pronom relatif, mais, ce qui est certain, c'est
qu'on la rencontre partout.

Jusqu'à présent donc, toutes les inflexions grammaticales bien connues et tous les pronoms dé-
terminés d'une manière plausible sont communs
aux inscriptions de Babylone, de Ninive et de Persépolis ; le vocabulaire nous donnera le même résultat. J'ai retrouvé, en effet, dans les inscriptions
de Khorsabad presque tous les mots distincts des
inscriptions trilingues ; d'abord, comme je crois l'a-
voir démontré, le mot *roi*, non-seulement est représenté partout par les mêmes signes, mais encore
est identiquement le même à Khorsabad et à Persépolis. De plus, les épithètes qui suivent ce nom
sont exactement les mêmes partout, comme je l'ai
fait voir : ◄◄ ◙►— ◙▐▐◙ ◄◄ ◙▐▐▼ ►⟋—, etc.

Les signes qui expriment les mots *villes, peuples*
ou *hommes* sont les mêmes partout : ◢◣, ◥◤,
◙►▼▐ ; il y a donc toute raison de croire que les
mots qu'ils sont destinés à représenter sont semblables ; sans cela, on serait forcé de regarder ces
signes comme figuratifs, ce qui ne peut être.

La particule ◥◥◣►◥◤, que ce soit une marque de
l'accusatif ou que ce soit une terminaison, se rencontre à chaque instant dans mes inscriptions comme

dans celles de Persépolis ; enfin, pour abréger, voici
la liste-de tous les mots communs à tous les textes
assyriens.

Tous les mots ci-dessus sont immédiatement reconnaissables dans toutes les inscriptions ; mais il en
est encore d'autres que j'ai pu reconnaître dans

celles de Khorsabad et qui se trouvent ailleurs; tel est le mot *dieu* ►►╼, au singulier et au pluriel. Je n'en fais pas mention, parce qu'on pourrait m'objecter que je me trompe tandis que cela n'est pas possible pour ceux dont je viens de donner la liste, et que ceux-ci me semblent suffire pour établir la vérité de ce que j'ai avancé. En effet, lorsque l'on voit des inscriptions écrites dans un caractère n'offrant que de légères différences; lorsque, dans ces inscriptions, toutes les inflexions grammaticales, toutes les particules que l'on a pu reconnaître avec certitude sont identiques; enfin, lorsqu'un nombre de mots relativement grand, eu égard aux textes que l'on possède, se montre également dans tous ces textes, il me semble que l'on a quelque raison d'assurer que la langue est identique dans toutes les inscriptions; on peut assurer, au moins, que tous les indices tendent à prouver l'identité, et l'on ne peut se baser sur rien pour la nier; car l'absence d'un plus ou moins grand nombre de mots dans une série d'inscriptions ne prouve absolument rien contre cette identité, puisque les sujets peuvent être différents, qu'on a pu employer des mots synonymes de la même langue, etc. En bonne logique donc, jusqu'à ce que l'on ait trouvé, dans quelques textes assyriens, des mots et des formes grammaticales différents de ceux qui sont usités dans les autres, on est fondé à croire à l'identité de la langue dans toutes les inscriptions.

On remarquera que je n'ai pas parlé des inscriptions de Van; cela vient de l'impossibilité où je

suis de démontrer que la langue en est encore la
même. J'y vois bien quelques mots semblables à
ceux de Khorsabad, tels que 𒌋, 𒀸, 𒂍, 𒌷,
𒀭, 𒂍, 𒂍, 𒄿, 𒉺,
𒆠, 𒌋, etc. Mais, à l'exception de la
terminaison du pluriel, qui est la même, je ne puis
prouver directement l'analogie des autres formes
grammaticales. Cette analogie ne repose que sur
des identifications supposées de caractères, et je ne
puis imposer au lecteur mes idées à cet égard. J'aime
donc mieux les laisser et rester moi-même dans le
doute.

Si, comme je l'ai dit, il ne me reste aucune incer-
titude sur l'identité des langues dans lesquelles les
inscriptions de Babylone, de Khorsabad et de Persépolis sont écrites, je suis bien loin de pouvoir
parler avec la même assurance sur cette langue
elle-même. J'avoue qu'il, m'est encore impossible
de la rattacher avec certitude à l'une des deux
familles arienne ou sémitique. Sans doute, quelques indices favorisent l'hypothèse d'une origine
sémitique ; tels sont les pronoms 𒅖 𒌋 et 𒅖
𒌋 𒂊, la terminaison en *y*, 𒂍𒅖, pour le
pronom affixe de la première personne, etc. Mais,
d'un autre côté, de nombreuses difficultés s'oppo-
sent à ce que l'on adopte cette opinion. D'une part,
il est impossible de trouver, dans les langues sémitiques, des mots qui puissent s'arranger avec les

signes employés pour exprimer les idées de *père*, *roi*,
ciel, *terre*, *bâtir*, *protéger*, *etc.* de l'autre, et cette
difficulté est pour moi la plus grave, la syntaxe ni
la construction ne sont sémitiques ; il me serait facile d'en donner des preuves nombreuses, mais je
me contenterai de faire remarquer que, dans les
inscriptions trilingues, le régime est toujours placé
avant le verbe sans qu'on puisse reconnaître un pronom se rapportant au régime précédemment exprimé ; le génie des langues sémitiques ne permet
pas une pareille construction ou, du moins, ne la
supporte que dans des cas tout à fait exceptionnels,
tandis que, dans les inscriptions de Persépolis, cette
inversion est constante. Je ferai remarquer que la
forme du verbe ⸢𒀭⸣ 𒀭 ⸢𒀭⸣ 𒀭 s'accorde
tout aussi difficilement avec la syntaxe sémitique ;
en effet, si le verbe est au prétérit, la terminaison
devrait changer puisque le sujet est tantôt à la première, tantôt à la troisième personne ; si ce verbe,
au contraire, est à l'aoriste, rien ne peut être plus
contraire au génie des langues de cette famille que
l'emploi de.ce temps dans de pareilles phrases ;
D'ailleurs, quand ce verbe est abrégé, comme cela
arrive fréquemment dans mes inscriptions, ce sont
les signes du milieu qui disparaissent ; le premier
et le dernier restent toujours, ce qui semble démontrer qu'ils font partie de la racine et ne sont pas des
flexions du verbe.

Je ne veux cependant exprimer que des doutes au
sujet de la langue employée dans les inscriptions as-

syriennes, car ce point me paraît encore trop obscur
pour me permettre de rien assurer ; l'avenir seul et
les recherches de savants plus versés que moi dans
l'étude des langues pourront résoudre le problème.
Je pourrais ajouter à ce mémoire de nombreuses
observations de détail qui ne seraient peut-être pas
sans utilité pour le déchiffrement, mais je crains de
paraître arrêter, sur des minuties, les lecteurs qui,
probablement, n'aiment pas les observations sans
résultat positif ; je termine donc ce travail, espérant
que, tel qu'il est, il aidera, dans leurs recherches,
les personnes qui voudront s'en servir ; je n'ai pas eu
d'autre but, et je serai heureux si je l'ai atteint.

FIN.